決戰希臘奧運會

文 王文華 圖 貓魚
審訂／輔仁大學歷史系助理教授 汪采燁

楔子——

你可能不知道的可能小學

樹上的熊蟬閉上嘴巴。

夏天的清風停下腳步。

一公尺外，有條草繩，那是終點；這頭，三隻青蛙屏氣凝神排排站。

大頭蛙，大眼蛙和小綠蛙。

箭在弦上，只等……

黃條蛇「嘰」的一聲，三隻青蛙強而有力的後腿同時蹦起，向前彈跳。

這是動物園一年一度的運動會。青蛙們奮力向前蹦跳，除了爭第一，更不想墊底，因為黃條蛇肚子餓了，牠說，誰最後一名就吃掉誰。領先的是大頭蛙，最後的是小綠蛙。小綠蛙年紀小，個子小，雖然心裡很著急，還是努力向前跳呀跳。

但是，牠再快也沒有黃條蛇的速度快，黃條蛇嘴巴一張，舌頭一伸……

咚咚咚，一隻大腳從天而降，黃條蛇嚇一跳，立刻「溜」到另一邊。那隻大腿往地上一踩，留下深深的腳印；另一隻腳再踩，又是一個腳印。

腳的主人是個男孩，跑起來跟天上的流星一樣快。

小綠蛙想向這位救命恩人道謝，「謝謝」還沒說出口，後頭一陣天搖地動——是地震了嗎？

咚咚咚，咚咚咚，腳步聲像午後的雷聲，震得地面一抖一抖；要是被踩到了，絕對變成扁扁的青蛙。

為了閃避接連而來的大腳，小綠蛙急忙跳呀跳，先跳過大眼蛙，趕過大頭蛙，躍過那條草繩——牠還來不及煞車，「撲通」一聲，掉進池塘。

撲通！撲通！

大頭蛙，大眼蛙也跳進水裡。牠們用荷葉做偽裝，露出驚慌的雙眼，看著一大群小朋友「咚咚咚咚」跑過去。

「啊，原來不是地震。」小綠蛙說。

「那是可能小學的學生。」大頭蛙說。

「啊，是可能小學的運動會嘛。」大眼蛙說。

沒錯，這是可能小學一年一度的運動會。

今年的運動會和往年不一樣，是仿照古希臘的奧林匹克運動會。為了這場盛會，大家都要穿上古希臘服裝參加入場式。古希臘人大多不穿鞋，所以大家都得赤腳入場。

希臘式的衣服，穿法很簡單：先用一塊長方形的布圍住身體，兩肩用別針繫住，手從布的兩邊伸出來，然後在腰部綁一條帶子。衣服寬寬鬆鬆，看起來舒服自在。

除了服裝規定，為了讓比賽更精采，可能小學還向動物園借場地。

你可能會問，一間小學向動物園借場地辦運動會，這……這怎麼可能呢？

別忘了，在可能小學裡，沒有不可能的事。

一般小學在人工的PU塑膠跑道上辦運動會，可能小學的孩子在非洲區的草原上比滑草，甚至在北極館的冰天雪地裡賽溜冰，並且請獅子、老虎和北極熊當觀眾。

賽跑是運動會的重頭戲，動物園的遊園車道，就是最佳場地；除了車道彎彎曲曲，起起伏伏，更重要的是大樹夾道，綠蔭、涼風不斷。當然啦，大象、長頸鹿和河馬是最佳啦啦隊——還有什麼比跑給動物看更快樂的事呢？

或許你又會問，可能小學沒有操場讓孩子們運動嗎？

可能小學有可折疊式的跑道；乾溼兩用，全年恆溫的游泳池；也有高樓攀岩場和能瞬間收合的籃球場。

但是，如果能表演給動物看，那不是更有趣嗎？

今年的奧林匹克運動會，由新來的社會科老師主持。社會老師本名叫郭概，但大家更喜歡稱呼他「鍋蓋」，因為他有一頭遠看像是鍋蓋的米粉頭。鍋蓋老師原本是一位廚師，現在轉行當老師。他過去鑽研世界各地的食材，發現每一道美食背後，都有豐富的文化背景；於是他展開環球旅行，尋找新食材、新味道。

「做菜真是一門好學問，什麼地方產什麼食材，什麼文化喜歡什麼烹調方式，什麼人吃什麼樣的食物，永遠研究不完。」鍋蓋老師上的課，說的還是食物裡的社會──嗯，或是社會裡的食物。

為了這場運動會，鍋蓋老師教孩子們做古希臘時代的點心，從點心講解古希臘的用餐禮儀，再從用餐的服裝延伸到整個古希臘的文化背景。有了背景知識，才來開心的辦運動會。

校長點聖火，督學當裁判，老師們分別扮演希臘奧林匹斯山上的眾神。

從萬神之首的宙斯、宙斯的妻子赫拉，到愛神阿夫柔黛蒂，大家都列席參觀──那樣子，酷斃了。

小朋友們興奮又開心的穿上古希臘人的服裝（鍋蓋老師又要玩什麼花樣了呢？）。總而言之，這個活動是可能小學最有趣的創舉之一。

五──四──三──二──一──

可能小學夏季運動會，開始！

12/13

楔子——你可能不知道的可能小學

決戰希臘奧運會

超時空
翻譯機

希臘眾神

如果你是古希臘人，奧林匹斯山上的眾神，與你息息相關。

掌管一切的宙斯是眾神之王，有個愛吃醋的太太赫拉。波塞頓是海洋的統治者；冥神黑帝斯統領地府，他們兩位是宙斯的兄弟。太陽神阿波羅駕駛黃金馬車，為人們帶來光明；月亮女神阿耳忒彌斯也是狩獵之神；雅典的守護神是雅典娜，這三位赫赫有名的神祇，全是宙斯的孩子。如果說宙斯家族掌管整個天下，那也不為過。

歡樂時，人們會想到酒神戴奧尼索斯；談戀愛時，人們需要向愛神阿芙柔黛蒂祈禱。古希臘人在自己的城邦裡建神廟，每個神廟都有

希臘眾神穹頂

一位主神，遇到重要的事情，例如打仗或結婚，都要透過祭司向神請示神諭，請教神的意見。眾神的法力雖然高強，但是祂們長相跟人一樣，也和人一樣有煩惱、有敵人，有愛恨情仇。

舉個例子來說，宙斯雖然結了婚，但只要碰上美女就會想談戀愛；人間很多英雄，例如大力士海格力斯、帕修斯，相傳都是宙斯的孩子。愛吃醋的赫拉無法忍受，若被她知道丈夫又談戀愛了，她會下凡施法，讓這些人受盡折磨——這種事情，跟人很像吧？

奧林匹斯十二神

希臘神陶罐（左起：阿波羅、宙斯、赫拉）

目錄

人物介紹

鍋蓋老師

可能小學新來的社會科老師，身材矮小，頂著一頭燙壞的短捲髮，活像一碗泡麵倒在鍋蓋頭上。他原來是廚師，從食材裡發現了貫通古今中外的大道理，所以決定轉行當老師。最愛用廚師的諺語來勉勵小朋友。

劉星雨

身材高䠷，皮膚黝黑，五官深邃，是可能小學百米賽跑紀錄保持人，也是游泳比賽一百公尺蝶式的冠軍，全身充滿運動細胞。同學覺得他跑得快，跳得高，簡直就像一陣流星雨，但是他覺得這不算什麼：「有一天我還要挑戰奧林匹克運動會呢。」

花至蘭

皮膚白皙，喜歡沉思與觀察。父母都是大學的生物系教授，她從小跟著父母上山下海做田野調查；國家公園是她的好朋友，百科全書是她小時候的讀物。她立志長大後一定要讀到雙博士，拿到諾貝爾獎是她最大的志願。

蘇格拉底

一個很「尊重」老婆的哲學家。老婆罵他時，他畢恭畢敬的聽；老婆拿水潑他時，他畢恭畢敬的淋；別人笑他怕老婆，他卻說：「娶個好老婆是福氣，如果娶到我老婆那更是福氣，因為你會變成哲學家。」

柏拉圖

蘇格拉底的學生，很聽老師的話。他看不慣別人打打殺殺，更痛恨戰爭帶來的破壞。如果有可能，讓他建立一個理想的國家，他會希望用一條終點線來解決所有的紛爭——至於這樣理想的國家什麼時候出現呢？嗯，你要問他。

希羅多德

一個喜歡旅行的作家，習慣在旅行中記錄各地的民間傳說或歷史故事。他對波希戰爭中希臘人以寡敵眾的表現非常敬佩，花至蘭鼓勵他把這個故事寫下來；至於他會不會真的把所見所聞寫下來呢？請翻開書，看下去。

1 五個大鬍子

劉星雨是可能小學五年級的學生。

他跑得快，跳得高，身體協調性好，這場運動會，簡直像是為他舉辦的。

運動會才開始沒多久，他已經拿下桃花心木爬高比賽、河馬池塘游泳計時賽，和獵豹草原兩百公尺賽跑這三項冠軍。

只要再拿到雙人尋寶賽的金牌，他將打破可能小學有史以來，一人包辦四項冠軍的紀錄。

劉星雨急著破紀錄，場上一位太陽神阿波羅交給他一個即時雙向翻譯耳機。

這耳機劉星雨用過，只要戴上它，就算語言不同也能立即溝通；不管是古代的埃及人，還是現代的日本人，對方說的你都聽得懂，你說的，對方也清楚明瞭。

耳機下頭還有一張尋寶賽的單子，阿波羅提醒：「好廚師要照著料理的工序，你尋寶也要照著這上頭的程序：你們要依序找到單子上畫的五個鬍子男，最快把他們找齊的組別，就是這場比賽的冠軍。」

「料理工序，這是廚師……」劉星雨抬頭一瞧，沒錯，阿波羅果然是鍋蓋老師扮的——只有鍋蓋老師老愛把廚師諺語掛在嘴邊。除了尋寶單，他手裡還有一把黃金豎琴，那是希臘太陽神阿波羅的象徵。

劉星雨拿到尋寶單就要出發，阿波羅急忙拉住他。

「有句廚師的諺語這麼說：鹽巴與糖，缺一不可。今天這場比賽，一個人完成不了，你還要有個搭檔。」

「啊？」

鏘鏘噹，阿波羅彈了一下豎琴：「根據琴聲指示，你的搭檔個子不高，但觀察力很好；如果我沒看錯，她正從你的左邊三十公尺處蹦蹦跳跳的來。」

劉星雨轉頭一看，嘴巴張大了：

「她？花枝丸？」

花枝丸，不，花至蘭是劉星雨的同學，兩個人曾經去古埃及和亞述帝國探險。

「你這回要跑快一點。」劉星雨說。

「也要請你多動動腦。」花至蘭建議。

這時，阿波羅拿起麥克風：「太陽神阿波羅在此宣布：雙人合作尋寶賽，正式開始。」

「砰」的一聲，動物園裡裡外外傳來一陣歡呼。

劉星雨二話不說，拔腿就跑，但是跑了一半，他發現怪怪的。

大家都有搭檔，他的搭檔——花至蘭嘟著嘴，還站在原地。

劉星雨折回去：「花枝丸，你再不走，我們就會是最後一名了，那我就沒辦法打破可能小學的校史紀……」

花至蘭沒讓他說完：「劉星雨，既然你這麼急，你能不能指示一下，我們要去哪裡尋寶？」

「當然是……」對厚，劉星雨看看四周，動物園這麼大，該從哪裡去，該找什麼寶呢，「好吧，你說該怎麼辦？只要能拿到金牌，我全都聽你的。」

「答案在這裡呀，」花至蘭把劉星雨手裡的尋寶單拿過去，紙上畫了五個人像。

劉星雨看看那張單子：

「五個一模一樣的鬍子人，是要我們去找五個留鬍子的男人嘍？」

「不，你如果仔細觀察就會發現，這五個鬍子人，其實不太一樣——」花至蘭仔細解釋，「這個人的鼻子扁而向上；這個人的嘴巴特別大；這個人的眼角全是魚尾紋；你看另外兩個就更奇怪了，一個握著一把彎曲的劍；一個還戴頭盔。」

劉星雨點點頭：「所以我們要先找出一個有朝天鼻的人？」

「別忘了大鬍子。」花至蘭提醒他。

「動物園哪裡找得到有個朝天鼻的大鬍子？」

劉星雨抬頭張望——

冰淇淋小販的鬍子只有少少幾根。

售票員先生的鬍子太短。

犀牛管理員的鬍子——嗯，犀牛管理員沒有鬍子，再仔細看，她是女的，當然沒鬍子。

「或許不是人，應該找雕像，」花至蘭看看動物園的平面圖，「我記得戶外雕塑區有個大鬍子先生的塑像，聽說那人曾經捐了一大批動物給動物園，不知道他的鼻子是不是朝天鼻？」

花至蘭還沒說完，劉星雨已經拉著花至蘭狂奔了，既然有目標，劉星雨當然衝第一。

他們很快就經過非洲動物區，跳過擋路的企鵝，推開夜行動物館的大門——

這是花至蘭從平面圖上找到的捷徑，過了夜行館，沿著後門小路，就能到達戶外雕塑區。

然而，劉星雨一推大門，他就感覺：「又來了。」

都怪他自己衝太快——如果只有他一人，他反應那麼靈敏，馬上停下腳步，或許來得及退回去。

但是那時他一手拉著花至蘭，慣性定律下，花至蘭煞不住車，竟然把他撞進了夜行動物館：「劉星雨，你怎麼突然停下來……」

花至蘭也感覺到了。

那是一股細微的電流，流過她的全身，從指尖到髮梢到腳趾。

四周環境沒有變化，感覺卻很怪，時間好像靜止了。

明明是夜行動物館，裡頭卻很亮；光源來自頭上方，均勻分布，四周通透，就像一條玻璃隧道，不長，兩步就跨過去了。

隧道盡頭有一道門，門自行打開——難道這道門在歡迎他們進入？

門外原本是雕塑區，巨型藍鯨溜滑梯邊就是大鬍子先生的雕像——花至蘭想起來，讀一年級時，曾跟同學在大鬍子先生的腳下玩貓捉老鼠。

然而，跨出去那一剎那——

動物園的草皮不見了。

藍鯨和大鬍子先生消失了。

外頭是條大街，鋪著石板的大街。

空氣的味道明顯不同，溫度也跟剛剛不一樣，彷彿進入另一個時空。

「這裡是哪裡呢？」花至蘭問。

劉星雨也愣了一下，對呀，這裡一定不是動物園，那這裡……

他只看了一下，立即拉著花至蘭，興奮的跑了起來：「鬍子，大鬍子。」

「什麼鬍子啊？」花至蘭一下子沒反應過來。

「他，他有大鬍子。」劉星雨指著前方，開心的說。

前方不遠處有個男人留了一把大鬍子，他跑得很快，一下子就跳下階梯，跑進一個廣場。如果劉星雨自己去追他，很快就能追到了，只是這會兒，他還拖著花至蘭。

花至蘭在抱怨：「別急嘛，何必這麼快……」

咚，她一頭撞上劉星雨的背：「你怎麼不跑了？」

劉星雨喃喃自語：「鬍子，怎麼都是鬍子呀。」

花至蘭抬起頭來，順著劉星雨的眼光看過去——

廣場上的男人，不管年輕還是年老，都留著一臉大鬍子。他們赤著腳，穿著古希臘人的服裝——寬寬鬆鬆的袍子，只是穿法多變，有的用布料在肩膀打一個結，像僧人；有的在肩上別著寶石別針，看起來很尊貴。奇怪的是，這些男人正圍成一個圓圈，圓圈中央有兩個人。

一個胖胖的婦女，正在罵人。

一個瘦瘦的男人，正在被罵。

婦人很生氣，罵得歇斯底里；她罵人的速度實在太快了，可能小學發的即時雙向翻譯耳機翻得零零落落。

花至蘭勉強聽出幾個單詞，內容大概是什麼懶惰啦，什麼沒用的男人啦……

被罵的男人不高，臉大眼小鼻子扁，鬍子濃密得像波浪，他自始至終都不發一語，只是點點頭，平心靜氣的聽。婦人罵得那麼凶，連花至蘭都想替男人打抱不平，但男人卻心平氣和，感覺很享受這場「罵人的盛宴」。

好不容易婦人罵完了，怒氣沖沖的走了。

望著她的背影，四周的人開始取笑那個男人。

「蘇格拉底，你是個哲學家，怎麼連太太都管不了？」

「叮——」聲音雖小，但花至蘭和劉星雨都聽見耳機裡傳來的聲音，他們知道那代表什麼。

花至蘭和劉星雨同時瞄一眼尋寶單，第一個大鬍子的圖案上，已經多了一個紅圈——對照眼前挨罵的男人，他蓄著大鬍子，鼻頭扁平，而且微微的朝天。

所以，剛才是哲學家蘇格拉底的太太在發飆。

四周的人一副幸災樂禍的樣子：

「你貴為哲學家，太太卻那麼凶。」

「看到你的太太那麼凶，你的學生還敢娶老婆嗎？」

「對呀，這樣子誰敢結婚啊？」

蘇格拉底笑咪咪的說：

「結婚當然是要結呀，如果一個男人娶到好太太，那是一件很幸福的事；如果他們能娶到我太太，他們就有機會跟我一樣，變成一個哲學家呢。」

聽完蘇格拉底的話，周圍的人點點頭：「果然是哲學家。」

「連娶太太的想法都跟大家不一樣。」

在一片稱讚聲中，突然又有一股騷動——蘇格拉底的太太回來了，她提了一桶水，推開眾人。

嘩啦……

那一大桶水全倒在蘇格拉底的頭上。

廣場瞬間安靜了，蘇格拉底的太太得意洋洋的打量著蘇格拉底，她左看右看，上看下看，水珠一滴滴從蘇格拉底的頭上掉下來，他也不擦掉。

終於，蘇格拉底太太滿意了，她點點頭，這才扭頭擺腰的走了。

直到她走了很久，人們才從那陣驚愕中回過神，再次望著可憐的蘇格拉底。

旁觀的人爆出一陣大笑：

「蘇格拉底老師，這下你又怎麼解釋？」

「對呀，對呀，好慘呀。」

蘇格拉底連水都沒擦，他只是平靜的看了一會兒天空，接著對大家說：

「各位，你們難道都忘了嗎——天上打完雷之後，總是要下一場痛快的雨呀。」

「你怎麼不生氣？」一個孩子喊。

蘇格拉底笑咪咪的說：「她生氣，朝我潑了水，她的氣就消了嘛；我本來該生氣，但被潑了這桶水，我的氣也跟著消了呀。」

蘇格拉底

如果你是古希臘人，你很有機會遇到蘇格拉底。

蘇格拉底是古希臘的哲學家和教育家，和他的學生柏拉圖，及柏拉圖的學生亞里士多德被稱為希臘三賢。

在古雅典城裡，有一座德爾斐神廟，供奉阿波羅。相傳那裡的神諭很靈驗，雅典人有什麼難解問題，便到神廟求指示。

有一回，蘇格拉底的朋友求來一個神諭，說蘇格拉底是世上最有智慧的人。

蘇格拉底聽了很疑惑：「世界這麼大，人生如此短促，自己知道的事實在太少了，既然如此，神諭怎麼會說我最有智慧呢？」

為了弄清楚神諭的真意，他拜訪了雅典城內以智慧著稱的人，包括著名的政治家、學者、詩人和工藝大師。讓他失望的是，這些人儘管具備了某方面的知識與才能，但交談時，他們卻以各種盛氣凌人的姿態，來強調自己的無所不知。

蘇格拉底終於明白神諭的意思：真正有智慧的人，不僅要有豐富的學問、才華與技藝，更要了解在面對這無垠的世界時，自己的所知所學，都只是滄海一粟。正因為蘇格拉底正視自己的「無知」，不斷的學習，神諭才會說他是最有智慧的人。

蘇格拉底

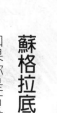

2 希臘財神

「蘇格拉底……蘇格拉底這名字好熟呀？」花至蘭說。

「那是當然的，希臘城邦多如繁星，可是人人都聽過蘇格拉底老師的大名啊。」一個年輕人笑著說。

「希臘？我們真的跑到希臘？」花至蘭兩手貼著臉頰，一副不可置信的樣子，「啊，鍋蓋老師介紹過蘇格拉底，他是古希臘的哲學

家。」

年輕人哈哈大笑：「小姑娘，你實在很可愛。沒錯，你正踩在希臘的土地上，呼吸希臘乾爽而帶點海洋氣息的空氣。其實原本我們在討論派誰去參加奧林匹克運動會。」

聽到運動會，劉星雨眼睛發亮：「你是說，奧林匹克運動會？」

年輕人點點頭：「奧林匹克運動會，四年辦一次。昨天祭完神，今天就要開賽了。」

「有賽跑嗎？」劉星雨想知道，「我是可能小學的短跑冠軍。」

蘇格拉底在一旁聽到兩人的對話，一時興起，問：「柏拉圖，你知道要如何贏得賽跑？」

原來那個年輕人叫做柏拉圖。花至蘭覺得，他的鬍子雖然不長，卻修得很有型，如果身在現代，鐵定是個型男。

柏拉圖說：「蘇格拉底老師說過，賽跑要贏，關鍵就在最後幾步。」

劉星雨不懂：「這就是哲學家跑步的祕訣？」

柏拉圖解釋：「老師說，一個人能跑在應該跑的路上很不容易，但是，如果能『跑到盡頭』就更不容易了。」

「意思是，賽跑不只是賽跑，更要堅持到底。」花至蘭說完，一隻大手拍拍她的肩——是蘇格拉底。

「說得好！」蘇格拉底誇完花至蘭，轉頭跟柏拉圖說：「你帶這個小兄弟去奧林匹亞看賽跑吧。」

花至蘭有意見：「我也要去。」

蘇格拉底親切的說：「小姑娘，你不會想去看的。」

「為什麼我不能去看？難道這個運動會有兒童不宜的節目嘛？」花至蘭大聲的抗議。

蘇格拉底吐了吐舌頭，假裝用手摀住耳朵：「怒吼是吼不出真理的。小姑娘，那些運動員全都裸體參賽，你確實不太適合去。」

「裸體？」花至蘭有點結巴了，「你是說……他們都……沒穿衣服？」

蘇格拉底頑皮的點點頭：「你還想去嗎？」

花至蘭覺得臉好燙，她連忙搖頭。蘇格拉底問：「你喜不喜歡看戲？」

「看戲？」

蘇格拉底提議：「今天劇場有齣新戲，你有空陪我去看場戲嗎？」

花至蘭擔心：「演員有穿衣服吧？」

蘇格拉底露出一抹詼諧的笑意：「我保證，他們全身都包得緊緊的。」

劇場是露天的。幾朵白雲也來看戲，停在劇場上方，正好遮住了陽光。

花至蘭興奮的坐在座位上，她的位子視野很棒，舞臺上的一舉一動一覽無遺。這個劇場建在小山坡，觀眾席沿著山坡往上，由低至高，圍著舞臺呈扇貝的形狀。花至蘭坐在大理石板上，她的位子離舞臺並不遠，視野寬廣，舞臺每個角落都看得清清楚楚。

在等戲開演的空檔，花至蘭觀察到，好多人都想跟蘇格拉底說說話。

「蘇格拉底老師，請問……」

「……你的看法是？」

「那件事如果……」

大多數的時間，蘇格拉底只是微笑的聽，偶爾給一、兩句話做結論。

感覺很像現代的心理醫生。

等著等著，觀眾席很快就坐滿人了，這麼大的劇場，至少也有幾千人來看戲吧。

咚咚咚！

鬧哄哄的劇場，幾聲大鼓響過後，大家都安靜下來。

鼓聲好清晰，就算傳到最後一排，聲音的威力還是沒有減弱。

花至蘭觀察後發現：在階梯型觀眾席的包圍下，舞臺與觀眾席之間形成一個巨大的音箱，聲音在此產生共鳴，清楚的傳送到每一個觀眾坐的地方。

演員說的話，她聽得很清楚。

先是一個戴著愁眉苦臉面具的演員上臺，他身上的戲服故意弄得又舊又破。

他面對觀眾的方向膜拜，伸長了雙手大聲的祈求：「萬能的天神，我是個勤勉的人，辛苦了大半輩子，家裡卻連麵包都買不起；萬能的天神，您能否告訴我，為什麼財富總在少數人手裡，他們不必工作，卻能享有比所有人都優渥的生活？」

這人禱告完，花至蘭看見一個有著一頭捲髮的男人，由空中緩緩而下。

那個捲髮的天神手裡抱著豎琴，花至蘭立刻想起鍋蓋老師——鍋蓋老師今天扮的就是阿波羅，祂是希臘神話裡的太陽神。

阿波羅降落在舞臺上，身後綁了一條繩子；花至蘭猜想，舞臺後面一定有人控制繩子，才能讓阿波羅升起又降下。

天神阿波羅彈了一會兒豎琴，對著那個窮人說：「善良的人啊，我捨不得你受苦；神廟外頭有個瞎子，你跟著他走，你將會得到解答。」

阿波羅說完就飛走了。

窮人搔搔腦袋，對著觀眾自言自語：「要我跟一個瞎子求解答？

這……這到底是誰瞎了眼呀？」

他的話一說完，花至蘭忍不住笑了，而阿波羅也馬上飛回來，說：

「我好像聽見有人在罵我？」

窮人嚇得手足無措：「沒……沒……沒有人。」

阿波羅瞪他一眼：「如果有人敢罵我……」

「那絕對不是我。」窮人的頭搖得都快斷了。看他可憐兮兮的樣子，觀眾全笑了；就在大家的笑聲中，阿波羅拉拉繩子，又飛走了。

窮人用手摀著嘴，瞪大了眼；他不斷看著天空，彷彿阿波羅隨時會飛下來。好不容易他相信阿波羅不會來了，這才半信半疑的走出神廟，在外面找到一個髒兮兮的乞丐。

「你看不見嗎？」窮人問。

「連一絲光也看不見呢。」瞎子說。

「那麼，祂為什麼要我來找你呢？」

瞎子抬起頭，露出白白的眼珠：「那個『他』是誰呀？」

「咱們偉大的天神阿波羅說，讓我來找個瞎子——」窮人對著臺下的觀眾說，「這真是太可笑了。」

瞎子站起來，手中的木杖在地上「嘟嘟嘟」的敲。

他說：「你找的瞎子不是瞎子。」

窮人故作驚訝的問：「難道你是城主嗎？」

「比城主更高一點。」

瞎子的回答，讓窮人更不相信了：「哦，這麼說來，或許你是國王嘍？」

瞎子脫掉身上破舊的大衣，露出裡頭光燦燦的長袍。

「我是財神，掌管人間所有的財富。」

觀眾席間，花至蘭旁邊一個老先生說：「原來財神什麼也看不到，難怪我這麼窮。」

蘇格拉底笑了笑：「窮的原因很多，但推給神卻是最簡單的方法。」

「我捕魚，魚不來；我種橄欖，遇到風災，難道這是我的錯？這都要怪財神是瞎子，找不到我家，不能把財富送進來。」

蘇格拉底想說什麼，花至蘭卻搶著回答：「你捕魚，別人也捕魚，難道別人也都沒抓到魚？你種橄欖，別人也種橄欖，難道大家都收不到橄欖？」

「這……」老先生一時答不上話。

蘇格拉底偷偷給花至蘭一個讚賞的笑容，他對老先生說：「財神看不見，那是宙斯的主意，他認為財神只要看不到，就不會偏心。」

老先生還是很氣憤：「可惜，財神爺看不見，沒看見我們窮人需要財富，卻給貪婪的人更多的機會；祂看不見，也就無法分辨誰對誰錯，誰好誰壞。」

舞臺上的財神好像在回應老先生，祂用空洞的眼神面對觀眾，問：「這……這是真的嗎？」

全場的觀眾，同時爆出相同的答案：

「真的，因為你瞎了。」

「千真萬確的瞎子。」一個中年男子叫得特別大聲，又引起另一陣笑聲。

「我不相信，我要親眼看看你說的是不是真的。」財神說。

「可惜，你看不到。」那男子的回話，又贏來更多贊同的笑聲。

財神指揮窮人：「你去神廟裡拿點清水來，我洗一洗眼睛，就能看見了。」

花至蘭覺得不合理：「祂是神，為什麼不治療自己的眼睛？」

「眾神之王宙斯有祂的道理。」蘇格拉底簡短的回答。

臺上的財神用清水潑了潑臉，祂抬起頭來宣布：「天空最細微的雲絲，地面最小的螞蟻——啊，現在我都能看得一清二楚。」

花至蘭又有意見了：「這又是一個不合理：財神不但無法治療自己，還要凡人醫治祂？」

「神也不是無所不能，無所不知的呀。」蘇格拉底比了個「噓」，要她好好專心看戲。

舞臺上，財神因為終於能看清人間的善惡，所以把錢給了可憐的窮人。窮人最後對著天空，感謝阿波羅的指示。

阿波羅此時又飛回來了，他在半空中，一本正經的問：「這下你不會再偷偷罵我了吧？」

超時空翻譯機

古希臘城邦

如果你是古希臘人，你應該是某個城邦的一員。

希臘有大大小小的城邦，分布在亞細亞省沿岸與愛琴海的各個島上。

城邦大多以一個城市為中心，連結四周的農村而組成。城邦有共同崇拜的神祇，例如雅典人信仰雅典娜，在衛城為祂建神廟，城市圍著衛城發展。

然而，有些城邦沒有城市，像斯巴達，它是完全由農村組成。

在古希臘，小國林立的城邦制度維持了數百年，城邦各自發展。有些城邦如斯巴達實施貴族寡頭政治，將統治權集中在國王和貴族等特權階級手中；有些城邦如雅典實行民主政治，政權掌握在全體公民手上；還有一些城邦是由未經合法推選程序而奪取統治權的人來管理國家。

古希臘有數百個城邦，就像數百個小國家。它們的面積都不大，人口也不多，雖然各自獨立，甚至敵對作戰，但是他們使用相同的語言，擁有共同的文化，往來十分頻繁。若有強大外敵來襲，大家會暫時放下成見，攜手對抗敵人。

因為這樣的城邦制度，彼此競爭又合作，才能激盪出讓後人讚歎不已的希臘文化。

古希臘城邦 Histria 遺跡

3 奧林匹克運動會

劉星雨看過奧林匹克運動會的電視轉播。

四年一次，全世界的運動選手齊聚一堂。盛大的開幕表演，點燃聖火的儀式，緊張刺激的賽事，新聞天天報導，想不知道都很難。

搭馬車時，劉星雨問：「你們的運動會，也是每一個國家都派選手來參加？」

「是每一個『城邦』派人來，」柏拉圖解釋：「希臘有一百多個城邦，陣容最強盛的，是我們雅典派出來的隊伍。」

「一百多個城邦參加的比賽？」劉星雨咂咂舌，「好盛大呀。」

馬車很快就到了奧林匹亞城。只是路小人多，乘車、徒步或騎馬的人全擠在路上，加上各式各樣的運動會宣傳旗幟，讓路上看起來更擁擠了。

進了奧林匹亞城，旅店全客滿了不說，只要有空地，就被人搭了帳棚。柏拉圖說，現在城裡住滿來自希臘各城邦的人，除了運動會的選手與加油團，還有帶著各地的特產前來交易的人們。

這一切，都讓劉星雨對即將展開的運動會，產生無比的期待。

然而，當他看到奧林匹克運動場——

那是一片塵土飛揚的砂地，人聲吵雜；觀眾席上沒有遮陽的棚子，賽場邊也沒幾棵樹，人們就坐在烈日下交談、等待比賽開始。嚴格來說，可能小學的設施，都比這裡齊全。

「太簡陋了，跟我想的差太多了。」劉星雨抱怨著。

「你別小看這個比賽，」柏拉圖想讓他開心點，「為了這場運動會，希臘各城邦間的戰爭都要暫時停止。」

「你是說，你們本來在打仗？」

「是啊，流汗總比流血好；參加運動會的時候，就是大家放下成見的時候。」柏拉圖用一種充滿期待的聲音說，「如果讓我成立一個國家，解決紛爭的方法，不必動用拳頭與刀劍，只需要一條簡單的終點線。」

「有這種國家嗎？」劉星雨問。

「這是我的理想，我希望它會成真。」

他們說話時，運動會場中央開始有些動靜：有人把一支動物的角放嘴邊，吹出一陣響亮的「嗚嗚嗚」聲，吹完後，各城邦的代表隊就進場了。

每一個城邦都有自己的旗幟、徽章與隊服。

每一個城邦都有自己的支持群眾，因此，掌聲有多有少，歡呼此起彼落。

突然，劉星雨發現身邊的人開始大聲鼓譟，他們瘋狂的吶喊與歡呼，柏拉圖也振臂高呼著。

「雅典，雅典，雅典。」

「我們雅典城邦的選手進場了。」

從雅典城邦來看比賽的觀眾特別多，加油的聲浪也特別大。

場上的選手身材高大健美，比例合宜，沒人過胖或過瘦。他們邊走邊向觀眾揮手，劉星雨坐的地方是全是雅典來的觀眾，當運動員經過他們面前時，觀眾幾乎快瘋了，不但狂叫猛呼，還灑下無數的花瓣。

跟在雅典隊伍後頭的，是一列讓人望而生畏的戰士。

他們踩著整齊劃一的步伐，清一色身穿黑色服裝，那種沉默堅毅的樣子，讓全場安靜下來。劉星雨相信，即使前面是懸崖，只要指揮官不喊停，戰士們也會直接走過去，掉下去，而且，不發出一丁點兒聲音。

「那是……」劉星雨不自覺把聲音降低。

「斯巴達的代表隊，希臘眾多城邦之一。」柏拉圖說。

劉星雨發現：古

代的奧林匹克運動會，沒有盛大的開幕式，也沒有熱鬧的煙火，比賽就在入場式後直接開始。即將比賽的選手們，突然有志一同的把身上的長袍一掀——

「他們……他們……」劉星雨的舌頭快打結了。

「怎麼了？」柏拉圖問。

「他們……他們都沒有穿衣服？」

場中的選手，不管老少，身上都是光溜溜的。

柏拉圖一副理所當然的樣子：「不用穿衣服啊！」

「這不是很奇怪嗎？」

「穿衣服跑步，讓人看不出身體的線條、肌肉，那才奇怪啊。」

柏拉圖解釋，「就像做菜，魚夠新鮮就不用加過多的調味料，才能突顯魚本身的鮮甜，對不對？」

「對對對，就像做菜……這是廚師諺語……」劉星雨急忙看著柏拉圖，「你是鍋蓋老師？」

柏拉圖沒注意劉星雨的臉部表情變化，他指著場中一個大肚漢：

「你看他……」

那人的肚子像顆球，他走到哪，就被哪兒的觀眾笑罵，還有人朝他丟東西，噓聲要他滾回去。

「你們這是霸凌。」劉星雨很不以為然。

「巴林？」柏拉圖問，「那是什麼？」

「一大群人用言語和行為欺負一個人，就是霸凌。」

「或許他以後就會更注意身材的保養呀，你看他們……」

柏拉圖指的是另一群選手，他們的肌肉線條明顯，身上沒有一絲贅肉，受到觀眾的歡呼，他們自己也很享受那種感覺。

「我們希臘人認為，這才是最健康的人。」柏拉圖說。

第一場比賽是賽跑，柏拉圖說這是奧林匹克運動會最傳統的項目。劉星雨的強項就是跑步，可是奧林匹克運動會規定，不是純正的希臘人不能下場參賽。

「好可惜。」劉星雨說。

「哦，別失望，至少你可以好好的當觀眾。雅典的卡利亞和斯巴達的德吐斯都會來參賽，他們是全希臘跑最快的男人。」

聽說有人跑得快，劉星雨忍不住站起來，想一探究竟；要不是後頭的人要他坐下來，他可以一直站下去。

一陣陣的歡呼聲，從起跑點傳來。

雅典的卡利亞身材高大勻稱，一頭短捲髮配上波浪狀的鬍子，一出場就獲得如雷的掌聲。

斯巴達的德吐斯皮膚黑一點，身高矮一點，不過，他大腿的肌肉卻特別發達。人們為他喝采，他也不為所動，表情平靜得沒有任何情緒。

比賽在一個鼓聲後開始了，觀眾的加油聲浪也瞬間被點燃了。

卡利亞與德吐斯同時往前衝。他們倆跑起來像風一樣，從一開始就領先其他選手；等到跑過第一個彎道時，和其他選手的距離拉得更大了。

「卡利亞——卡利亞——」柏拉圖激動的喊著。

支持卡利亞的人多，為他加油的聲音匯成一股巨浪。

「德吐斯、德吐斯——」支持斯巴達的人比較少，呼喊的聲音卻很整齊。

第二個彎道一過，終點線就不遠了，兩人之間也出現明顯的差距；卡利亞好像領先了一點點，但是，德吐斯的腳步跨得更大，他的雙腳像風火輪一樣的轉動——

啊，兩人幾乎是同時到達，不過，大家都看到，是德吐斯率先衝過終點線。

全場爆出歡呼，人們高聲喊著：

「德吐斯——德吐斯——」

劉星雨也興奮的跟著大家狂叫，能看到一場勢均力敵的好比賽，是最快樂的事。

然而，終點線那裡卻傳來一陣喧譁。

卡利亞跟裁判說著什麼，裁判雙手拚命比劃，像是不接受；但是卡利亞一說再說，不停的說，表情十分激動。

過不久，連起點的裁判也跑去加入討論。

現場的人交頭接耳，耳語從終點的地方傳過來：

「終點的裁判認為是德吐斯先碰到終點。」

「雅典的卡利亞卻認為是他的鼻尖先通過終點。」

「碰到終點和通過終點有什麼不同嗎？」

「當然有很大的不同，一個是實實在在的碰到了。」

「一個是無聲無息的通過了。」耳語也明顯的分成兩方，各有支持者；四周的人加入討論，場上一片嘈雜。

裁判終於舉起旗子，他走到跑道上，大聲的宣布：

「跑步比賽，由雅典來的卡利亞獲勝。」

雅典人樂瘋了，他們互相擁抱，狂喊卡利亞的名字。

斯巴達的觀眾卻無聲無息，但是，其他城邦的人出聲為他們表達不滿：「德吐斯才是冠軍。」

劉星雨也很不服氣：「贏的人明明是德吐斯。」

柏拉圖搖搖頭：「這很難說。」

「為什麼？」

「德吐斯好像比卡利亞早一點點到達終點，但那是沒有用的，因為卡利亞說服裁判，讓裁判相信他的鼻子先通過終點線。」

「不公平。」

「沒有不公平啊，卡利亞也說服了德吐斯。」柏拉圖指著賽場，劉星雨看見德吐斯正經過他們面前，他走路的時候抬頭挺胸，一點也不像輸家。

先碰到終點線的選手，拿不到第一；冠軍卻落在靠辯論獲勝的人身上。

劉星雨覺得太不公平了。

「比賽就是比賽，不能作弊，」劉星雨激動的喊出：「德吐斯，你才是冠軍，你比卡利亞厲害。」

劉星雨感覺有人在拉他——他一看，是柏拉圖。

柏拉圖想阻止他繼續講，但劉星雨不理：「這是一場不公不義的比賽，德吐斯，是你先到終點，你才是第一名。」

德吐斯什麼話也沒說，安靜的經過他們面前。倒是柏拉圖拚命想讓劉星雨閉嘴：「別……別再說了。」

「為什麼……」劉星雨想把柏拉圖的手甩開，卻發現周遭的人正橫眉豎眼的瞪著他。有個大光頭還站起來：

「你剛剛說什麼？」

「裁判都說是我們雅典獲勝了呀。」另一個人說。

「你是雅典人嗎？」四周的人好像都很生氣。

「你該不會是斯巴達的密探？」

劉星雨立刻想起來，他是和雅典人一起進場，現在正坐在雅典的加油團裡。雅典的加油團個個氣勢洶洶，朝劉星雨撲過來，想要找他理論；不必裁判喊開始，劉星雨很自然的跳進跑道，在一群光溜溜的選手間狂奔起來。

超時空翻譯機

古代奧林匹克運動會

如果你是古希臘人，你一定要運動。

古希臘人把運動視為生命的一部分，因為在太陽下活動而把皮膚晒成古銅色，會贏得眾人的敬佩。現代的奧林匹克運動會，就起源於古希臘。

第一屆奧林匹克運動會於西元前七七六年舉行，當時各城邦都派人來參加。當年的選手多半是戰士，但戰士都去比賽了，誰來打仗呢？於是，古希臘人為了這場運動會，定下神聖的休戰協定：運動會期間，不能打仗。

古代奧運舉辦前需要先祭神，再比賽。場地只是一塊長方形空地，比賽時塵土飛揚，觀眾與運動場地間沒有柵欄隔開，賽馬或賽戰車時很容易發生意外。

賽跑是奧運最古老的項目。跑道一圈約兩百公尺，比賽時分成一圈、兩圈和二十圈共三組。戰車賽是最激烈的運動；幾十輛馬車同時狂奔，除了不能咬人和攻擊眼睛外，什麼手段都可以——想起來是不是有點可怕呢？

運動會的最後一天是頒獎典禮，獎品是用橄欖枝編的花圈。獎品雖然樸素，卻是替自己的城邦爭取到榮譽，選手回到家鄉後，都會再獲得獎金鼓勵。

古希臘雙耳陶罐上的跳遠比賽圖案

斯巴達人

如果你是古希臘人，你有可能生在一個斯巴達家庭。一出生，你會先被帶去做體檢，合格就能用葡萄酒洗澡；如果不合格，那些葡萄酒當場就會要你的命。

七歲前，男孩子由父母嚴格訓練，過了七歲，你被迫離開父母，與其他小孩群聚生活，接受更嚴格的訓練：絕對服從、不怕艱苦，每年還會用滾燙的皮鞭抽打一次，但不許張口求饒或叫喊。

從十二歲開始，你每年只會被分配到一塊布，那是你唯一的衣服。挨餓是常有的事，你得因此學會偷竊食物，培養活下去的技能和行動力。

等你長到二十歲，終於成為正規軍人，每天要做軍事練習，一直到三十歲後才能離開軍營，和家人一起生活。斯巴達人的英勇，就來自這種不顧人性、艱苦卓絕的環境。

斯巴達男孩練習射箭

如果你是女孩，過了七歲還能留在家裡，但一樣要做體格訓練。斯巴達人認為，只有強壯的母親，才能孕育出最勇敢的戰士。

如果你是斯巴達媽媽，孩子要上戰場了，你不該為他祝福，而是送他一面盾牌，向他告別：「孩子，帶著盾牌回來，不然就躺在盾牌上。」意思是：如果你不能凱旋歸來，就該戰死在沙場。

嗯，讀到這裡，你想當斯巴達人嗎？

4 宙斯的神諭

跑了一陣子，劉星雨突然想到：「我正在……在古代奧林匹克運動會場上跑步！」

對一個小五的孩子來說，還有什麼比這更讓他興奮的呢？

他愈跑愈遠，經過那些丟鐵餅的、準備戰車賽的選手身邊。不過，追他的人也愈來愈多，除了那群憤怒的雅典人，裁判們也加入追捕的行列：

「不能搗蛋！」
「快把這個小鬼抓出去呀！」
更多的人跳進場內——那是一向沉默的斯巴達人，他們替劉星雨擋住追兵：「你快逃！」
劉星雨愣了一下。
雅典人也停下來，兩邊人馬居然就地開起辯論會：
「斯巴達人，這不是追不追的問題，那個孩子已經破壞了雅典人的名譽，站在我們城邦的立場……」
另一個大嗓門的雅典人也說：
「如果你想叫我們不要追，應該先叫他不要跑；只要他不跑了，我們又何必去追呢？況且……」

雅典人口沫橫飛，斯巴達人卻像一塊塊岩石，動也不動，久久才說一句：「不！」

簡單俐落，乾脆明瞭。

那意思應該是「你們說的不對」，也包含了「我們不會退讓」，再加上「不必再說了」。

一邊滔滔不絕；一邊簡單扼要。

這樣的辯論很有趣。

終於，幾個雅典人想到自己的任務，目的是要追一個男孩，於是，他們朝著劉星雨追過來。

劉星雨也想起來：「我不能再看人吵架了，逃命要緊啊。」

跑道邊的矮牆有個缺口，他彎腰鑽出去，爬上長長的階梯，穿過重重的觀眾，終於跑出運動場。劉星雨繼續跑，經過一條彎曲的小巷，竟然跑進一個熱鬧的市集。市集裡人很多，攤販更多，幸好劉星雨的動作靈敏，穿越人群不是問題。

跑著跑著，七彎八拐，突然，他停下腳步，因為一座巨大的建築物就矗立在他面前。

這棟建築物由許多粗大石柱支撐著，石柱高得像要插進天空；它灰白色的外觀在陽光的照耀下閃閃發光。站在它

的腳下，劉星雨只覺得自己好渺小。

大門裡有各式許多比例勻稱、身體線條優美的雕像，每一個拿到現代，都可以放進美術館做鎮館之寶。最裡頭有一座至少五、六層樓高的石雕人像，那是一個滿臉鬍子、雄壯威武的男人，右手托著一個黃金雕成的女神，左手拿著一把閃電造型的權杖，權杖上有一隻老鷹。

劉星雨看得入迷，突然，有隻手拍拍他的肩膀——是柏拉圖。他氣喘吁吁的說：「你怎麼跑得那麼快，我叫你，你也不理。這是宙斯神廟——你是想來看宙斯神像的嗎？」

「宙斯？」一聽到這兩個字，劉星雨耳裡傳來「叮」的一聲。

那是即時翻譯耳機的聲音，提醒他找到第二個大鬍子了；尋寶單上第二個大鬍子，握著一把彎曲的武器，原來那是閃電。

只是，尋寶單目前在花至蘭手上，劉星雨只能等兩人會合時再比對。

「宙斯是希臘的萬神之王，也是宇宙的統治者……」柏拉圖正在跟劉星雨介紹眼前的雕像，一個男人氣急敗壞的衝進來，擠開劉星雨和柏拉圖，大聲的說：「神諭怎麼說，我就怎麼做，

怎麼會找不到呢？」

有個滿頭銀髮的女人不知從哪冒出來，走向他，說：「鐵粉斯，別急，有事慢慢說。」

「祭司，不能不急呀，我田裡的麥子等水澆溉呢，再沒水，它們枯萎後，今年的收成就沒指望了。」

女祭司用一種高高在上的聲調問：「你上回來，神諭指示過，你回去有照著做嗎？」

鐵粉斯憂心忡忡的說：「祭司，神諭說的話，我每一條都遵守了；讓我擔心的是，麥田還是沒有水。」

女祭司嚴肅的說：「鐵粉斯，萬神之王的神諭說

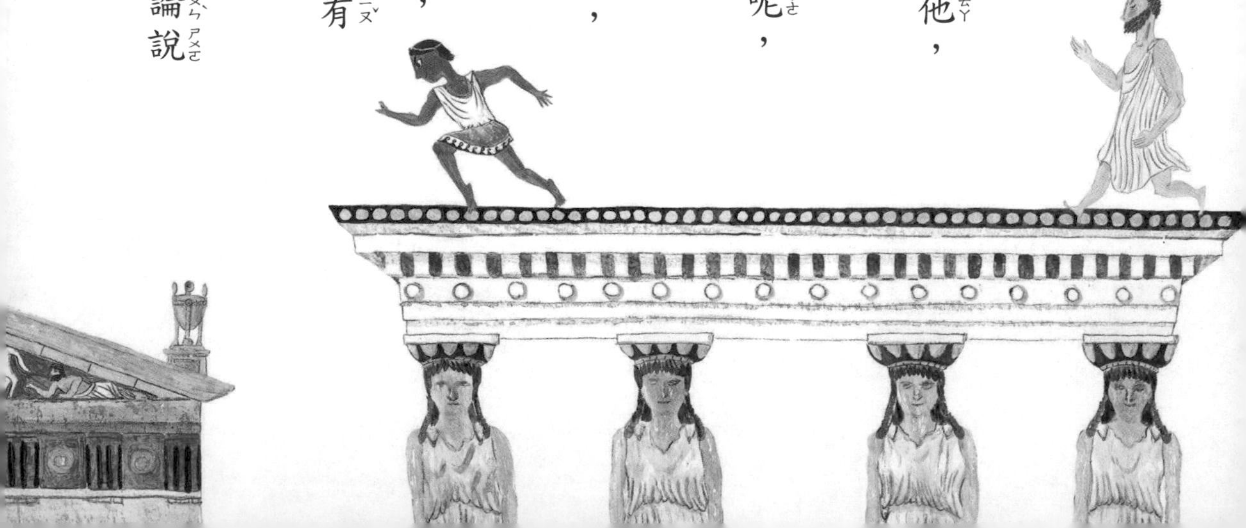

得很明白：你的就是你的，正午的樹蔭下，誰也搶不走。」

鐵粉斯雙手一攤：「沒錯啊，我真的等到太陽走到正中午，才派奴隸們在樹下挖井，但是挖了十幾天，還是沒有水。」

女祭司瞪大了眼睛：「錯了，錯了，錯了，你錯了。」

重要的話要說三遍，沒想到女祭司連說四遍，劉星雨聽得快笑出來了。

「萬能之神不會錯，

他的神諭如此，你要自己好好想想，是不是你太過自大，或是你不相信萬能之神的力量，信仰有了偏差，讓神生氣了。」

「神生氣了？」鐵粉斯急忙跪下來：「祭司，我該怎麼補救？」

女祭司眉毛一挑，聲音拉高了：「神生氣了？你怎麼懷疑神呢？」

「不敢不敢，」鐵粉斯嚇得快趴到地上了，「請祭司幫幫我的麥田，再給我一句神諭；我會準備最好的公牛獻祭，請萬神之神告訴我，到哪裡才能挖出最甜美的井水？」

女祭司的臉色稍緩，這才在宙斯的神像前跪下，默禱，然後傾聽；最後，她站起來，神祕的笑著說：「神諭要你循日出方向，在無花果樹下……」

鐵粉斯一聽，手舞足蹈的衝出去，他的聲音在神殿裡迴盪：「哈哈，東方——我家東方就有一棵超大的無花果樹，我立刻派僕人去挖井。」

女祭司搖搖頭，對著他的背影說：「神諭是這個意思嗎？你至少要想一想呀。」

「那……那神諭是什麼意思？」在一旁的劉星雨有點疑惑。

女祭司看了他一眼：「眾神的事，只有眾神明白，凡人，只能遵切執行。」

「那，為什麼神不把話說明白一點，他到底要挖還是不挖？」劉星雨有點生氣。柏拉圖想把他拉開，他也不理。

「你敢質疑神？」女祭司的眼睛瞪大了。

「他……他第一次到神廟，不懂規矩，」柏拉圖一邊向女祭司解釋，一邊轉頭對劉星雨說：「小兄弟，話多不如話少，如果不想變成祭品，趕快跟我跑吧；希望你跑得夠快，不然……」

「哪裡來的小孩！」女祭司早被劉星雨的話激怒，她指揮著神廟裡的士兵，「把他抓起來，別讓他繼續胡言亂語。」

希臘的神廟

如果你是古希臘人，神廟是你常去的地方。

希臘多山多岩石，所以希臘的神廟採用大量的石材。古希臘距離現今兩千多年，經過這麼長時間的風雨、日晒考驗，我們竟然有幸見到這麼多古希臘建築遺址，不得不感謝這些堅固的岩石。

古希臘的神廟多半是長方形的建築，四周有巨大的石柱環繞。這種石柱的造型簡單而優雅，讓你還沒走進神廟，就先感受到神廟的宏偉，不由得心生敬仰。

古希臘人為了表示對神的尊敬，幾乎每座城邦都有自己的神廟，像雅典的雅典娜神廟，和斯巴達的阿波羅神廟。

宙斯神廟遺跡

建一座神廟要花很多錢，這些錢得由希臘公民負擔，所以公民有權決定找誰來興建，以及建到什麼程度，每個人該花多少錢。

希臘神話裡的眾神之王是宙斯，而在奧林匹亞城裡，就有一座宙斯神像。這座神像的高度有十二公尺，大概有四層樓高。「宙斯像是要站起來般，」一位親眼見過這座神像的地理學家寫著，「他的樣子像是要打開神廟的屋頂。」

這座宙斯神像是當年世界上室內最大的雕像。神像放置在一座精緻的雪松寶座上，是古代世界的七大奇蹟之一。如果你是古希臘人，說不定有機會親眼見證這項奇蹟。

5 吃飯配故事

劉星雨找到宙斯神像時，花至蘭同時從耳機裡也聽到那聲清脆的

「叮——」

尋寶單上，握著彎曲武器的大鬍子，被一個紅圈圈起來了。

她抬頭，身邊沒有哪個大鬍子拿著武器，倒是有兩個大叔攔著不讓她走。

右邊的人滿臉鬍子，他是餐廳的老闆：「小姑娘，我們摸索小館有飯有菜，吃飯還有故事聽。」

左邊的先生，脣上留了一點點鬍子，他也開了一間飯店：「摸索小館裡什麼布置都沒有；小妹妹，還是來我們便索飯店吧，我們裡頭有鮮花有雕像，當然也有故事聽。」

蘇格拉底站在一旁，笑呵呵的說：「吃飯聽故事，肚子飽了，心裡也滿足了。自從伊索說故事紅了以後，現在各大餐廳也有這項服務了。小妹妹，由你決定去哪家餐廳吃飯聽故事吧。」

「伊索說故事？你是說伊索寓言的伊索？」花至蘭問。

大鬍子叔叔搶著解釋：「伊索本來是個奴隸，他就是靠著說故事才變成自由民的嘛。放心，我說的故事跟伊索一樣好；你只要來用餐，我送一則今天剛想出來的故事，那是有關青蛙的喲！」

「錯了錯了，伊索只有一個，」小鬍子叔叔說，「而我的說故事功力跟他一樣好。今天大優待，兩人用餐送兩則最新出爐的故事，有烏鴉還有孔雀，怎麼樣？」

「吃飯聽故事，我喜歡；大鬍子叔叔講一則，小鬍子叔叔卻有兩則……」眼看花至蘭就要走向便索飯店了，大鬍子叔叔急忙加碼：

「兩則——我們今天吃飯也送兩則最新故事。」大鬍子叔叔忍痛說完，故意瞄了小鬍子叔叔一眼。

「搶客人不可以用這種方法，你本來說一則，怎麼可以臨時變成兩則？」小鬍子叔叔很生氣。

「我剛想起來今天要講兩則新故事，不行嗎？」

「好吧，如果有人做生意這麼沒原則——」小鬍子叔叔拉著花至蘭，「小妹妹，告訴你一個好消息，今天我——全雅典最會講故事的便索，將要說三則最新最新的故事；我用我下巴這一百七十四根鬍子保證，這些故事只對你說，而且故事包含了孔雀、獅子與青蛙，是全希臘聞所未聞、聽所未聽的故事。」

大鬍子叔叔連忙把花至蘭拉過去，說：「我的故事才好聽；我跟那個奴隸伊索一樣，本來也是個奴隸，但是比他走過更多地方。我曾經流浪到埃及，後來去了斯巴力，最後才輾轉到這裡。」

「我也是呀，」小鬍子叔叔指指自己的腿：「我這條曾是奴隸的腿上布滿了傷痕，證明我走過許多的大地；我這黝黑的皮膚，全是真真正正埃及、敘利亞的陽光曝曬過。小妹妹想聽故事，只有聽我說，我的故事才是千真萬確的故事，跟伊索一樣，都是千真萬確的冒險。」

一直在旁邊微笑的蘇格拉底，清了清喉嚨說：「人們總是說，母豬生一窩，不如獅子生一隻。」

花至蘭聽出他話裡的含意，她微微一笑，說：「好故事一個就夠。兩位叔叔不必爭，請各說一則故事，誰的故事好聽，我們就選哪一家飯店吃飯。」

蘇格拉底點點頭，給她一個讚許的眼神。

大鬍子叔叔說：「要故事，我拍一拍肚皮就有：有一隻孔雀，瞧不起白鶴，嘲笑牠的羽毛只是一片蒼白——」他說這話時，故意瞄了瞄小鬍子叔叔，「就像有人瞧不起我的店。」

小鬍子叔叔瞪回去：「那又怎樣？」

「白鶴說雖然自己沒有繽紛的顏色，卻能飛到高空，在空中高歌；而孔雀卻只能待在地上，像母雞那樣搖搖晃晃的走。」

小鬍子叔叔嘲笑他：「你根本是抄襲伊索的故事，聽聽我的故事吧：有一個有錢人，他養了一隻白鵝和一隻天鵝，養天鵝是為了聽牠唱歌，養白鵝是為了當晚餐。」

大鬍子叔叔冷笑著：「沒創意又沒含義的故事。」

小鬍子叔叔不理他的嘲笑：「有一天夜裡，主人肚子餓，他叫僕人去抓白鵝。白鵝不想變成主人的晚餐，牠就開始唱歌；只是牠再怎麼唱，也只會呱呱呱——哈哈哈，聰明的小妹妹聽到這裡，一定知道，我們便索飯店才是那隻會唱歌的天鵝。」

「你不是天鵝。」大鬍子叔叔說。

「你也不是天鵝。」小鬍子叔叔說。

他們兩個愈說愈氣，一個推過來，一個踢過去：

「我打你這隻胖孔雀。」

「我踢你這隻不會唱歌的白鵝。」

蘇格拉底搖搖頭離開，花至蘭也跟著他走。

那兩個鬍子叔叔急忙住手，問：「你們不吃飯了？」

「當然，你們這麼愛吵架，誰吃得下去。」花至蘭沒好氣的說。

「我們只說故事，保證不吵架。」

花至蘭搖搖頭：「不管我們進誰的店，都會有人不高興。我們還是去別間吧。」

「騙子。」大鬍子叔叔氣急敗壞。

「窮人。」小鬍子叔叔雙手叉腰。

他們倆同時吼著：「沒錢就別裝闊氣，竟然想學地主進來吃飯聽故事。哼！」

蘇格拉底低聲對著花至蘭說：「你聽過這個故事嗎——有隻狐狸吃不到葡萄……」

「吃不到葡萄，說葡萄酸！」花至蘭大笑：「這也是伊索寓言！」

蘇格拉底點點頭：「對，他們雖然學伊索蓄起鬍子，卻學不會他用故事來培養品德的本事。」

「伊索也有大鬍子？」花至蘭一問，「叮」的一聲，她耳機裡傳來一個清脆的聲響。她低頭一瞧，那個嘴巴特別大的鬍子先生，臉上出現一個紅圈。

最後，他們選的餐廳叫做拉索小館。

「這叫做鷸蚌相爭，漁翁得利。」花至蘭笑著說。

「什麼蚌什麼利？」蘇格拉底問。

「就是兩個人只顧著吵架，被第三個人佔便宜。」花至蘭解釋。

「哈，原來你也會說故事。」蘇格拉底笑著說，「這個故事很新鮮，我沒聽過，有趣有趣。換我說個故事給你聽吧。」

超時空
翻譯機

愛說故事的伊索

如果你是古希臘人，你或許會遇見伊索，聽過他說故事。

現在人們所知關於伊索的身世都來自於傳說。傳說他生活於西元前六世紀，距現在約兩千六百年。傳說他是衣索比亞人，而且是個奴隸，曾經被人多次轉賣；但是因為伊索的知識淵博，聰穎過人，最後獲得了自由。

成了自由人的伊索開始四處旅行；他一邊蒐集題材，一邊向人說故事。伊索最厲害的一點是，他講寓言故事時，並沒有打草稿；他總是視情況說故事，故事裡的主角多半是動物、植物或各種自然現象，例如北風、太陽。伊索的故事是人類文化重要資產，因為裡頭提到的動、植物、文化與風俗習慣，對於後人研究當時的歷史，提供很大的幫助。

西元前五世紀末，「伊索」已經很有名，很多古希臘人都聽過他的故事。也許因為伊索的名號太響亮了，後來其他人創作的寓言，也都被冠上伊索的名字，被收進《伊索寓言》裡。《伊索寓言》裡的故事都不長，最多兩、三百字，短的甚至只有兩、三句話。在這麼少的字數裡，卻能傳達出一個個讓人省思的道理，令人不得不佩服伊索說故事的能力。

伊索木刻畫

6 希臘最大的大門

陽光正好，氣候剛好，蘇格拉底說了一個又一個故事，不過，花至蘭聽了這麼久的故事，卻只等到一碗湯。

湯是清湯，跟水差不多；喝完湯，又過了快半小時，服務生才又送來三顆橄欖。

「橄欖，不像它的外表看起來那麼簡單……」蘇格拉底開始講起

希臘人多麼重視橄欖，甚至視它為聖物。

光是一顆橄欖，他就講了好久，彷彿那是俄羅斯魚子醬、法國松露或是美國頂級菲力牛排。

「好吃，就是少了一點。」花至蘭的肚子還是很餓。

「沒問題，我的這一顆也請你吃。」蘇格拉底沒空吃，他要跟旁邊的胖先生說話，也要跟後面的矮叔叔說話；餐館服務生經過時，蘇格拉底還拉住人家，又跟服務生說了好一會兒的話。

「蘇格拉底先生，我好佩服你。」當一條小魚乾終於送上來時，花至蘭衷心的稱讚他：「你的朋友真多。」

「朋友？」

花至蘭指指四周的人。

蘇格拉底一臉疑惑：「那些人，我一個也不認識呀？」

「不認識？你明明和他們聊了那麼久。」

「不管認不認識，有話就要說清楚呀——走吧，」他把小魚乾丟進嘴裡，說：「議事廳今天有事要開會。」

「可是，我們只吃……」

「吃飽了，該起來動一動。」蘇格拉底呵呵的笑著，邁開大步，走出餐館。

花至蘭看看四周，希臘人的食量好像真的不大，吃得也很清淡，每張桌子上，頂多是一碗熱湯，一顆魚頭或一小塊麵包。

肚子餓，心情差，花至蘭臭著一張臉，跟著走出餐館。

一隻小貓跟著她，她把小貓趕走；兩隻小狗衝著她叫，她把小狗趕走。

三隻麻雀跟她過不去，跟著她，沿著街邊屋頂跳過一個又一個，吱吱喳喳吵呀吵。

從大街跟到了小巷；從小巷跟到了議事廳。

麻雀跳到議事廳屋頂上，歪著頭，衝著她，繼續吱吱喳喳。

議事廳是個很大的長方形建築物，大廳的正中央有一個講臺，四周的座位像階梯一樣往上延伸，感覺就像劇場，但比劇場嚴肅多了。

議事廳裡有好多人，他們或坐或站，說話的聲音很大；廳裡好像被放了一個壞掉的喇叭，持續播放高亢的雜音。

蘇格拉底也忙著跟人講話，邊講邊跟花至蘭解釋：「今天的會議很重要，我們要在剛蓋好的雅典娜神廟前，加蓋一道大門。」

「建個大門也要討論？」花至蘭問。

「這件事跟大家有關，當然要一起討論。」他說得理所當然。

「如果討論不出來？」

蘇格拉底的眼睛眨了眨：「我們會討論到大家都滿意為止。」

噹噹噹，議會主持人敲敲鐘，開會了。

會場安靜了一下，但馬上又響起更多的聲音，因為人人都搶著想發言。對於神廟外的新大門，有人建議要用大理石。

「大理石的門才氣派。」

「刻滿花朵的石門，天神才會滿意。」

「這樣才能證明我們的虔誠。」

有人提議：「門的上頭還要有雅典娜的雕像，她是雅典城的象徵。」

另個人說：「海神波塞頓也要啊，持著三叉戟，駕著馬車，多神氣。」

主持人聽大家這麼說，笑得好開心。

旁邊一個胖胖的人一邊點頭，一邊記錄。

花至蘭拉拉蘇格拉底：「你怎麼還不發表意見呢？」

蘇格拉底微微一笑：「不急，好意見總是在最後才登場嘛。」

在大家的踴躍討論下，那道新的大門漸漸的成形了——

它要有又寬又大的通道，能讓十六匹馬車通行。

大門裡頭要很寬敞，足以容納幾百人在裡面乘涼。

門上要用大理石雕出宏偉的奧林匹斯山，還有希臘眾神。

然後，它要蓋在新落成的帕德嫩神廟的正門外，那裡的視野最好，能俯瞰整個雅典城。

正當大家沉浸在這美好的想像裡，蘇格拉底舉起手來：「神廟本來就有座大門了，現在你們還堅持要在神廟廣場前再蓋一座大門？」

「當然！」全場的人大叫。

蘇格拉底搔搔頭：「這座新的大門，只能用大理石來蓋？」

「那是一定的。」人們喊著。

「可是去哪裡找來這麼多大理石呢？」蘇格拉底又問。

「去挖，去採，用船載來，用牛拖上山。」人們大叫。

「讓幾百人乘涼的大門，要多少頭牛來拉石頭？」蘇格拉底繼續問。

主持人替大家回答：「一百艘船載石頭，一千頭牛拉上山，從公雞叫，一直拉到星星出來，我們不斷的讓牛把石頭拖上來。」

人們激動極了：「這將是有史以來最大的門。」

他們相互搭著肩膀，跺腳大吼，彷彿那道新大門已經建好，大家就坐在門下乘涼——對了，吹來的還是希臘港灣最涼的風。

超時空翻譯機

雅典人的公民會議

如果你是古希臘人，你可能比較想當個自由的雅典人。「雅典」來自智慧女神雅典娜的名字。根據希臘神話，雅典娜與海神波塞頓為了爭奪雅典的保護神地位，分別拿一樣禮物讓人類挑選。

海神賜給人類一匹象徵戰爭的馬；雅典娜送給人類一棵寓有和平意義的橄欖樹。人們選擇了和平，從此，雅典娜成為雅典的保護神，雅典衛城裡就有她的神廟。

雅典人用直接民主的方式統治城邦，現代社會的民主觀念就來自他們。

因為民主，讓雅典成為希臘城邦裡人才最多的地方：著名的學者、文學作品、建築物等等，都出現在雅典。有人說，雅典是全希臘的學校，因為它奠定了西方文明的基礎。

如果你是雅典人，只要是年滿二十歲的

義大利畫家拉斐爾筆下的雅典學院

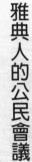

男性，就能參加公民大會。這個大會每十天開一次，你可以在大會上提出種種建議，批評失職的官員，或參與討論國家的內政外交。為了讓雅典更好，請大膽提出你的意見吧！

提出意見後，支持與反對的人都能上臺發表看法；因為時間有限，一人只有一次發表的機會，最後才進行表決。

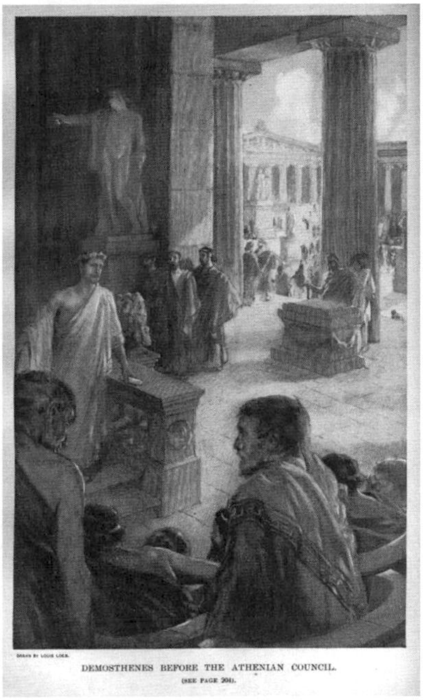

雅典議會前的希臘辯論家狄摩西尼

因為古時候沒有電子計數器，他們用最簡單的舉手數拳頭，有時也會用丟小石頭來計數。看起來是不是和現代的舉手、投票表決方式很相似——別忘了，這樣的形式就來自古代雅典人。

7 斯巴達來的奸細

「我們要蓋出全雅典最大的門！」

「不，是蓋出全希臘最大的門！」

整個議事廳的氣氛已經狂熱到了最高點。

就在這股狂喜的氛圍中，蘇格拉底突然問：「蓋這麼大的門，那要花多少錢？」

人們狂吼：「錢不是問題！」

「我們願意付錢！」他們指著做紀錄的胖男人說：「建築師，你說吧，到底要花多少錢？」

胖胖建築師一聽，得意的站起來宣布：「諸位，別擔心，我保證蓋出全希臘最好、最氣派的大門。」

「請告訴大家，要花多少錢？」蘇格拉底繼續問。

胖胖建築師看看大家，用一種理所當然的口氣說：「大門因為用的是大理石，要一百個德拉克馬；雕像也是一百個德拉克馬；如果要讓幾百個人在門裡乘涼，要增加它的寬度就要再多一百個德拉克馬；然後船和牛的運費加起來，那是五十……」

有人摸著額頭大叫：「我的天神哪，這樣到底是多少個德拉克馬？」

「錢不是問題。」其他人吼著。

建築師開心極了：「對對對，錢不是問題，總共才三百五十個德拉克馬。」

「不多啊。」滿場的人大叫。

建築師提高了一點音量：「確實不多，每一個人才三百五十……」

「一個人？」一聽到這三個字，有人彷彿大夢初醒。

建築師站起來解釋：「沒錯，每個雅典公民只要負擔一點小錢。」

「那是我們家一整年的收入。」有個男人大吼。

「賣了我家八頭公牛，才付得出這筆錢。」又有一個男人說。

此時，主持人安撫大家：「想一想，一個人只要三百五十個德拉克馬，我們將會有一座希臘所有城邦所有神廟裡最宏偉的大門，它會比你們見過的神廟更讓人驚奇。」

他說到這兒，胖胖建築師用力的鼓掌；花至蘭知道，這兩人一搭一唱，絕

對是來騙錢的，很多電影都是這麼演的嘛！

一想到要花這麼多錢，大部分的人都退縮了。

少部分的人礙於面子問題，還在遲疑的問著：「真的要這麼多錢呀？」

蘇格拉底拍了拍手，吸引大家的注意：「大家仔細想想，天神究竟想要一座怎樣的門呢？」

「很大很大的門。」建築師

搶著說。

「我們負擔不起啊。」有人很勇敢的說了，會場裡立刻響起一陣掌聲。

蘇格拉底點點頭：「神在乎的是門的大小？還是信徒的虔誠？只要能讓真正的信徒走進來，我想，不管是大門還是小門，神都會很滿意。」

「對啦，就是這樣嘛。」議事廳此時響起一陣歡呼。

「幫我們設計一座門，」一個滿臉白鬍子的老爺爺，對著建築師說，「不必太大，空間足夠讓信徒走進去就夠了。」

議事廳裡又響起一片贊同的掌聲。

噹噹噹噹，有人在敲鐘。

是主持人，他的臉紅通通：「一座小門？一座小門怎麼顯現得出雅典人的不凡呢？」

胖胖建築師也生氣了：「一定有人在搞鬼，要讓我們雅典被人瞧不起。」

「偉大的雅典，需要一座偉大的門。」主持人敲鐘敲得更用力了。

四周安靜下來。

「有奸細，一定是斯巴達人派來的。」主持人忿忿不平的聲音迴

盪在議事廳。人們相互看了看：

「是誰？」

「誰是斯巴達來的奸細？」

討論的聲音連結成可怕的低吟。

花至蘭覺得手心一緊，是蘇格拉底。

「跟我來。」蘇格拉底悄悄的說。

他們低著頭，站起來，走過一排討論奸細的人，又走過一排準備抓奸細的人。

快走到門口時，終於有人發現他們不見了：

「蘇格拉底呢？」

「剛才不是還坐在那邊嗎？」

蘇格拉底的腳步加快了，花至蘭聽到後頭有一陣騷動：

「有人看見他了嗎？」

「走了嗎？」

「蘇格拉底在那裡！」一陣噹噹亂響，是主持人的聲音，「我的神哪，誰快攔住他們哪。」

不必蘇格拉底說，花至蘭主動跑起來。

他們跑過長巷，經過一條種滿大樹的小路；一轉彎，一群人正朝他們衝過來。

跑在最前面的竟然是劉星雨和柏拉圖——他們也正被一群人追著。

「快！」劉星雨快步衝到花至蘭身邊，拉著花至蘭又開始跑。

柏拉圖對這裡的地形好像很熟，他一邊跑，一邊指揮大家；他們先鑽進一條小巷，巷子兩邊全是住家，屋子多半是磚造的一層或兩層樓房。然後一個急轉彎，他們又進入另一條巷子，這裡的路更窄了，巷道裡有雞在慢步。他們跑過時，嚇得那些雞「咯咯咯」的叫，花至蘭還要不斷跟雞

道歉：「不好意思，打擾你們了。」

一條巷子接著另一條巷子，如果不是柏拉圖帶隊，花至蘭和劉星雨絕對會迷路。

跑著跑著，追他們的人愈來愈少。

跑著跑著，花至蘭已經完全搞不清東西南北，後頭也沒有追兵的聲音。

那時，他們已經爬上一座三面是懸崖的山丘。

山丘上有一棟剛建好的建築物，它是那麼聖潔，還沒走近它，就會讓人不知不覺的把聲音降低，把呼吸放慢。

這座建築的屋頂全由石柱支撐，每一根石柱都有十幾公尺高；花至蘭把頭仰到脖子痠，才看見柱頂雕刻的花紋。

柏拉圖雙手一展，驕傲的

說：「帕德嫩神廟——這就是我們用來祭祀雅典娜的神廟。」

8 溫泉關口的希臘國王

「唉唉唉，」神廟前，一個滿臉鬍子的先生喊著，「右邊！」

右邊？右邊什麼也沒有啊。花至蘭覺得很納悶。

「麻煩一下，你們往右邊站一點，別擋了我的光。」鬍子先生繼續說。

原來鬍子先生在畫畫。白色的布上，有黑色的筆觸，雖然只有簡

單幾筆，畫風卻非常強烈。

「嗯，你把帕德嫩神廟畫得真好。」蘇格拉底讚賞的說。

「我走過那麼多地方，這間神廟比世界七大奇蹟還壯觀，畫起來當然也最好看。」鬍子先生驕傲的說。

劉星雨不太懂：「什麼七大奇蹟？」

鬍子先生從腳邊的袋子裡，拿出幾張畫：

埃及的金字塔；亞述的空中花園；希臘的宙斯神像……

劉星雨和花至蘭互看了一眼，他們驚訝的發現，鬍子先生說的七大奇蹟，他們居然去過好幾個。

最驚訝的是蘇格拉底，他說：「你去過這些地方？我準備了好多年，到現在都還沒出發呢！」

柏拉圖在一旁補充：「老師說過，沒有萬全準備，不該去冒險。」

「只要有心想去，用爬的都能到啊，何況我四肢健全。」鬍子先生笑著說。

「我知道你是誰了，」蘇格拉底興奮的跳起來：「走遍世界七大奇蹟的，只有……大旅行家希羅多德？」

鬍子先生點點頭：「我不算旅行家啦，我只是喜歡到處走走。」

「叮」的一聲，劉星雨和花至蘭的耳邊，同時傳來一個清脆的聲音。花至蘭偷瞄一眼尋寶單，單子上第四個大鬍子四周浮起一個紅

圈；那個大鬍子的眼角有許多魚尾紋，跟希羅多德一模一樣。

「你不只到處旅行，你還寫了很多旅行見聞，還畫了我們的帕德嫩神廟……」柏拉圖也很崇拜他，一說起希羅多德的事就停不下來。

一旁的劉星雨正壓低聲音對花至蘭說：「只剩一個了。」

「第五個大鬍子戴頭盔。」花至蘭抬起頭，神廟邊除了他們，沒有其他人，更找不到戴頭盔的人。

此時，希羅多德在跟柏拉圖解釋他的畫：「這神廟真是奇蹟一般的存在呀。它雖然沒有金字塔的宏偉，沒有空中花園的美麗，但是它比宏偉更精緻，比美麗更永恆，所以，我非得把它畫下來。」

「但是你也不必在正中午畫畫啊。」花至蘭勸他，「你可以等太陽沒那麼大的時候再來畫。」

希羅多德彷彿沒有聽到花至蘭的話，他拿起畫筆繼續畫：「蓋得再好的神廟，只要一場戰爭，隨時都可以把它摧毀；遠的不說，波斯人就曾經毀了這座神廟，而現在……」

「現在它比舊的帕德嫩神廟更大、更堅固。」柏拉圖搶著說，「波斯人被我們打垮了，他們不敢再來了。」

「打敗波斯人，靠的是希臘各個城邦的合作……」希羅多德放下畫筆，雙眼凝視著神廟。

「波斯人要是再來，我們會合作再打敗他們。」柏拉圖的情緒很激昂，「他們不敢來，希臘上下一片和平。」

希羅多德嘆了一口氣：「就是這樣才糟糕呀。」

「糟糕？」劉星雨不太懂，「沒有敵人，天下太平，怎麼會糟糕？」

蘇格拉底跟著嘆了口氣：「波斯人攻來時，我們團結合作；現在沒有敵人了，我們希臘人卻開始內鬥。」

聽到這話，希羅多德彎下腰，從腳邊的袋子裡拿出一個很舊很髒的頭盔，上頭布滿刀痕與孔洞：「我去過溫泉關，那是當年波斯人第一次進攻希臘的地方。」

「溫泉關？那裡可以泡溫泉嗎？」劉星雨很好奇。

「溫泉關附近的確有幾處溫泉，這是它的名字的由來，卻不是它會在歷史裡流傳的原因。」他緩緩的看著每一個人，用低沉的聲音說：

那一年，波斯王薛西斯帶了數不清的士兵來，希臘三十幾個城邦集結一起，公推斯巴達國王做統帥。波斯人兵分兩路，海上由雅典船隊攔截；陸地由斯巴達國王把守。讓人敬佩的是，斯巴達國王只帶三百名斯巴達士兵，守在溫泉關。

波斯王薛西斯寫信勸他們投降，說波斯士兵那麼多，一人射一支箭，就能把太陽遮住了。

「好可怕。」花至蘭吐吐舌頭。

「斯巴達國王投降了嗎？」劉星雨問。

「國王告訴使者，波斯人的箭遮住陽光，他們的士兵正好可以在涼蔭裡殺個痛快。」希羅多德說這段往事時，眼神看著遠方，彷彿他真的見到了那場戰爭，親眼見識國王的豪氣。

「那波斯王呢？」花至蘭猜，「他一定很生氣。」

希羅多德笑著說：「沒錯，薛西斯氣壞了。憤怒的波斯王催著大軍前進，到了溫泉關，正要攻擊，探子回報卻讓他更生氣……」

「怎麼了？」劉星雨問。

「探子回報，溫泉關前，斯巴達士兵竟然把武器扔在一旁，有的人在梳頭晒太陽，有的人在休息睡大覺，根本沒把波斯人放在眼裡。」

蘇格拉底接著補充：「其實斯巴達人是最勇敢的戰士。他們天天都要勞動和接受訓練，打仗對他們來說是小事一件。」

希羅多德點點頭，「溫泉關的關口太窄，波斯的士兵太多，大軍無法一次擠進去；三百個斯巴達勇士守著關口，波斯人一次又一次的進攻，一次又一次的被擊退。」

「三百個人打敗幾十萬個人？」花至蘭覺得不可能。

「你說的沒有錯，如果三百個人能打敗幾十萬人，那只有大力士海格力斯出馬才有辦法。」希羅多德的神情變得很沮喪，「後來，一個斯巴達農民出賣自己人，他帶波斯人走小路偷襲斯巴達士兵。腹背受敵的斯巴達士兵在國王的率領下，跟波斯大軍廝殺。他們的長矛斷了就換劍；劍斷了就用拳腳、牙齒與敵人肉搏。他們寧死不屈，戰到只剩一兵一卒也沒投降；最後，斯巴達國王和三百名勇士全部戰死，溫泉關落入敵手。」

說到這裡，空氣彷彿變得凝重了。

希羅多德的手在那頂頭盔上來回的撫擦著：「這就是斯巴達國王列奧尼達的頭盔；在我眼裡，他是最能代表希臘人的國王。」

一聽到「列奧尼達」這個名字，「叮！」一個清脆的聲音同時在花至蘭和劉星雨的耳裡響起。花至蘭趕快拿出尋寶單，上面最後一個大鬍子的四周，果然浮起了紅圈——這個大鬍子就戴著頭盔。

「第五個？」花至蘭和劉星雨看了彼此一眼，兩人很有默契的一起抬頭，他們環顧四周，四周卻沒有任何變化，那該從哪裡回去可能小學呢？

希羅多德把畫筆拿起來：「波斯人被打敗了，希臘城邦安全了，雅典和斯巴達卻開始互相爭鬥——這座堅固華麗的神廟，能擋得住戰火嗎？」

「所以，你要把這座神廟畫下來？」劉星雨問。

希羅多德點點頭：「只有這樣，希臘人才會記取教訓。」

花至蘭建議他：「你如果能把溫泉關的故事寫下來更好。」

「寫啊？」希羅多德搔搔頭，「我不太會寫。」

「天下無難事，只怕有心人嘛——去做就對了。」花至蘭說。

「什麼難事，什麼心人？」希羅多德問。

「嗯，」花至蘭想起希臘人沒讀過成語，「意思就是只要有決心，再大的難題都能解決。」

一旁的蘇格拉底提醒柏拉圖：「這句話講得好，把它抄下來，我們改天慢慢研究。」

柏拉圖點頭贊同：「廚師說：好飯不怕晚，好話不嫌慢——小妹妹的話的確該抄。」

「廚師……你也喜歡講什麼廚師諺語，」花至蘭的腦裡蹦出一個人：「你是鍋蓋老師？」

柏拉圖笑著問：「什麼鍋蓋呀？」

「鍋蓋老師喜歡講廚師諺語，你是鍋蓋老師假扮的，對不對？」

柏拉圖搖搖頭說：「我會拌菜拌肉拌飯，可是，不會扮什麼鍋蓋——鍋蓋不是要去廚房找嗎？」

超時空
翻譯機

希羅多德的《歷史》

如果你是古希臘人，聽到波斯人攻來了，一定會嚇得膽顫心驚。

西元前四九〇年，波斯人入侵希臘。波斯是當時武力最強的帝國，而古希臘的城邦分散各處，情況緊急之下，他們號召各城邦，大家齊心對外，組成一支聯合軍；更不可思議的是，他們還打敗了強大的波斯人。這個天大的喜訊，由傳令兵菲力庇第斯負責傳遞；他由馬拉松跑回雅典城，因為跑的距離太長了，抵達時只講了一句「勝利」，便因體力衰竭，倒地身亡。

這故事是古希臘作家希羅多德寫的。希羅多德出生時，波希戰爭早已打完。為了蒐集寫作材料，希羅多德遊覽許多地方，訪問許多人，把當時已知的世界──從北邊的黑海到南邊的埃及都遊遍了。

希羅多德全身塑像

最後，希羅多德把他多年的研究成果，寫成《歷史》這本書。經過後世的考古學家考證後，證實希羅多德寫的「歷史」大部分是準確的；在當年交通不便，沒有任何通訊工具的情況下，他能完成這樣的著作，實在了不起。

另外，希羅多德為了研究波希戰爭，在他遊歷地中海沿岸國家時，曾很認真的研究當時的世界七大奇蹟──不管是空中花園還是金字塔，他的書裡都有很詳盡的描寫；它像是一扇窗，讓我們能隔著時空想像當年的世界。

伯羅奔尼撒戰爭

希臘有很多小城邦，他們曾經聯手擊退來犯的波斯。然而，強敵退走後，希臘城邦間的矛盾立刻浮上枱面，從對峙到最後，在西元前四三一年，希臘城邦間終於爆發一場大戰——伯羅奔尼撒戰爭。當時，所有的城邦幾乎都捲進這場戰爭，大家分成兩大聯盟，一方是雅典，一方是斯巴達。因為戰場太大，城邦太多，所以這場戰爭也被稱作古代的世界大戰。

伯羅奔尼撒戰爭，希臘敗逃

這場戰爭打打停停，有時雅典勝，有時斯巴達勝，一打就是幾十年，最後由斯巴達獲勝。

斯巴達人雖然打了勝仗，但是反抗力量不斷的產生，戰爭一直在持續，加速希臘城邦的沒落。它讓古希臘從世界歷史的舞臺退出，後來，馬其頓趁機崛起，逐漸併吞古希臘各城邦。古希臘城邦在外交上失去了獨立性，內部文化上也失去了過往的活力，從此希臘城邦政治從世界主要舞臺上退場。

然而，古希臘創造出的種種文明，諸如理性思維、哲學思辨、政治體制、美學等，依舊影響今日你我生活的世界。

9 蒐集五個大鬍子之後

花至蘭半信半疑的看著柏拉圖：他臉上雖然留了大鬍子，但是身高和體型跟劉星雨差不多；如果只看背影，真的很像鍋蓋老師。

劉星雨只擔心尋寶單：「五個大鬍子都被紅圈圈了起來，為什麼我們還在這裡？」

花至蘭看看四周，陽光白晃晃，樹影縮得小小的；帕德嫩神廟在

陽光下，莊嚴的閃著亮光。

「……奸細……」

一陣狂風吹來，花至蘭抬起頭，瞇著眼睛。

「……斯巴達的奸細……」

聲音很雜，很多人在喊，但聲音愈來愈清楚……

「這裡，斯巴達的奸細在上面。」

遠遠的，一個光頭巨漢跑上山丘；再往後看，一大群人跟著他往跑神廟的方向跑來。

大光頭目露凶光，一手指著花至蘭和劉星雨，好像在說：「抓住他們！」

「我們是不是該走了？」花至蘭緊張的拉著劉星雨。

「你們不要跑啊——」大光頭雙手在胸前比劃，看起來很激動。

「劉星雨，我們再不走就來不及了。」花至蘭的話才說完，山丘的另一頭陸陸續續出現更多人：抱著鵝的小販，拿著鐵餅的選手，舉著大刀的士兵，還有不少跑來要一起抓奸細的民眾……

他們爬上坡，叉著腰，大口喘氣。

「該往哪兒跑呢？」劉星雨很著急：「這裡三面都是懸崖，出口全被他們擋住了。」

旁邊的柏拉圖二話不說，指著前面：「進神

廟。」

「我們怎麼會是奸細呢？」蘇格拉底決定：「我去跟他們說清楚。」

他大步朝那些人走去，像個英勇的戰士；柏拉圖卻推著劉星雨和花至蘭：「趕快走吧。」

花至蘭回頭看到的最後一幕：蘇格拉底兩手張開，想把人攔下來；大光頭正繞過蘇格拉底，領著一大群人追過來。

希羅多德也想阻擋這片混亂，他大聲呼喊：「我的天神哪，就算他們是斯巴達人，你們也別再吵了。」

大光頭聽到希羅多德的話，更加氣憤：「各位，那兩個孩子真的是斯巴達人，我們快把他們抓起來。」

「我們不是！」花至蘭站在神廟的門口抗議。

不過，她的抗議沒人聽到，雅典人推倒希羅多德和他的畫架，他的畫全飛上了天。

滿天的畫紙下，是雅典人的吼聲：

「抓奸細，抓奸細！」

「奸細有男也有女！」

來自四面八方的追兵，跟著追進帕德嫩神廟。

神廟很大，陽光從窗戶斜灑進來，不管是誰，進到這樣神聖的空間，聲音都會不由自主的變小。

柏拉圖帶頭，劉星雨和花至蘭緊跟著他，一路向神廟最裡面的地方移動。

長方形的大廳後方，是一座巨大、金光閃閃的雅典娜神像；神像後就是一堵牆——沒路了。

他們回頭，憤怒的雅典人全進到神廟裡面。劉星雨雖然跑得快又跳得高，但他的專長在現在一點用都沒有。

此時的花至蘭背靠著石牆，柏拉圖指著牆邊：「這裡有道門。」

那道門跟牆的顏色一樣，沒仔細觀察看不出來。

「快，快進去！」柏拉圖催促著劉星雨和花至蘭。

　　花至蘭鑽進門裡時，光頭大鬍子追來了，他一手抓住劉星雨的衣服一角，劉星雨連忙側身用肩膀一撞，大光頭被撞倒在地上。劉星雨沒想到自己的力氣這麼大，愣愣的看著倒在地上的大光頭。

　　大光頭想爬起來，柏拉圖立刻拉著他，回頭朝劉星雨大叫：「快走！」

劉星雨一跨進那道門，他就感覺到，門裡有電。很細微的電流，讓他全身的細胞都顫了一下。很奇妙的感覺。

門裡很暗，後頭的聲音很大：「別讓他們跑了！」

「該死的斯巴達人！」是追兵的聲音。

「我們不是！要解釋幾次啦！」劉星雨催著花至蘭：「快！花枝

丸跑快一點！」

門裡頭太暗了，花至蘭什麼也看不到，她伸出手向前摸索，她摸到了一堵牆。

那是——

「這裡有另一扇門。」花至蘭雙手用力一推，唰——門外金色的陽光迎著她，照得她差點兒睜不開眼睛。

門的一邊是白天，另一邊是黃昏——時間有過得那麼快嗎？

花至蘭和劉星雨還搞不清楚狀況，眼前有雙眼睛正盯著他們：

「你們完成任務了嗎？」

「鍋蓋老師？」花至蘭抱著他，高興的大叫，「我們回來了，我們回來了！」

鍋蓋老師臉紅了，他輕輕推開花至蘭：「你別太激動。」

劉星雨看看四周，不遠處有一個大鬍子先生的雕像，雕像旁噴水池的水花，被夕陽照得閃閃發光。

花至蘭還在吱吱喳喳的講個不停：

「我們去了希臘，被好多人追，他們以為我們是斯巴達人……」

鍋蓋老師酷酷的說：「希臘？我只辦個運動會，你們就以為自己去過希臘？」

「真的，我還去了奧林匹克運動會。」劉星雨大叫，「他們的選手沒穿衣服。」

「不可能。」

「有可能。」

「怎麼可能呢？」鍋蓋老師嘆口氣。

「因為這裡是可能小學啊。」花至蘭指著他們跑出來的地方，「我們就從那裡出來的呀。」

她手指的地方，掛著一塊招牌，寫著「夜行動物館」。鍋蓋老師把入口處的門打開，裡裡外外走一遍，什麼事也沒發生；倒是他出來時，抱了一顆球——啊，不對，那是一個髒髒舊舊的頭盔。

「老師，那是斯巴達國王列奧尼達的頭盔，」花至蘭大叫，「現在你相信了吧！」

鍋蓋老師搖搖頭，他擦擦那個頭盔：「孩子，這是道具，大家要戴著上場拔河用的頭盔啊。」

「不，」他們同時喊，「希羅多德說這是真正希臘國王的頭盔。」

「你們說是就是吧，現在孩子的想像力，實在太豐富了。」鍋蓋老師搖搖頭，抱著頭盔就走了。

動物園上空，月亮出來了。

「柏拉圖呢？」花至蘭突然想到。

「對呀，柏拉圖本來跟在後頭。」劉星雨說，「他替我們擋住追兵，進了通道後就沒聽見他的聲音。」

「他會不會就是鍋蓋老師？」花至蘭看著劉星雨。

劉星雨點點頭：「喜歡說廚師諺語的鍋蓋老師？有可能。」

他們同時笑了起來——如果不是鍋蓋老師變成柏拉圖，他們怎麼能度過那麼多難關？

「啊，你的比賽紀錄怎麼辦？」花至蘭睜大眼睛，「你差一點就拿到四項冠軍了。」

「去古希臘比較有趣，紀錄等明年再來破吧。」

「那如果明年又讓你去冒險——」

「和你一起冒險更棒！」劉星雨用肩膀輕輕碰了花至蘭的肩膀：「只是，不知道有沒有可能再去一次？」

「當然有可能啊，」花至蘭眨了眨眼，「別忘了，這裡是可能小學啊。」

絕對可能會客室

每個文化中都有偉大的思想家。談到希臘，我們總會提到蘇格拉底、柏拉圖和亞里斯多德，他們是希臘著名的哲學家。西方人認為希臘是哲學的起源地，他們拒絕用傳統的神話去解釋周圍的現象，而用觀察、提問和推論來解釋。這樣的思維方式，為西方哲學思想帶來深遠的影響。

現在，我們特別邀來一位希臘哲學家，讓大家跟他說說話，感受一下哲學家的特質。

：歡迎大家收看「絕對可能會客室」。

：在這裡遇見絕對不可能遇見的人物。

：（尖叫）那怎麼可能？

：所以才叫做「絕對可能」呀！

：那今天的來賓是……

：來自古希臘的哲學家，柏拉圖先生。

（罐頭掌聲與尖叫聲中，柏拉圖揮著手，走上臺。）

：柏拉圖先生，您留了滿臉鬍子，是想要走某一種風格路線嗎？

：我留鬍子是因為我沒時間剪。

：那您整天在忙些什麼？

：我沉思；不沉思的時候我就學習。

：沉思不就是發呆嗎？

：做為一個哲學家，我認為自己是無知的。因為無知，才有迫切的學習欲望，學了知識後再沉澱，所以我忙到沒時間剪鬍子。

：我讀過你寫的《理想國》，你說最好的國王是哲學家？

：沒錯，哲學家才能當國王，因為他懂得多。

：為什麼國王要懂得多？

：因為他懂得自己無知。

：無知的人要如何當總統？

：他無知是真的知道自己無知的無知，而不是假裝自己無知的無知；一樣的無知，卻是不同的無知。知道自己無知才能當一個真正的國王，懷著謙卑的心情學習。

：那誰來治理國家？

：治理國家的是衛國者那個階層，他們是菁英，能把國家管理得很好；保護國家的是士兵，他們防止國家被人侵略；而最底層的是人民，人民可以幸福的過日子。

：你的理想國有這麼多階層？那一點兒也不公平。

：很公平啊，每一個階層之間都是公平公正的，例如我的理想國內，男人和女人就一樣平等。

：我們現在就是這樣啊，男生和女生都可以上學，可以去工作。

：男生和女生也都有投票權。

：真羨慕你們，果然人類的發展是有進步的。

：我還有問題：如果哲學家來當總統，他除了保持「無知」之外，他還要做什麼？

：他要花大量的時間沉思。

：那太好了，我也適合當總統，因為我上課時也常常在沉思。

：劉星雨，你那是發呆做白日夢。

：做白日夢可不是沉思。真正的沉思，是思索宇宙萬物的基本道理，學習人間事物的真相本質，最後加以印證所學，再繼續探究這種種的道理。

：聽起來好深奧。

：（舉手）我有個疑問耶。

：你問吧，如果我不懂我會告訴你我不懂，如果我懂我就會直接回答你——這就是哲學家的回答。

：古希臘有那麼多哲學家，誰適合當總統，而誰又不適合當總統，你的評分標準是什麼？

：對呀，我也好想知道，柏拉圖先生，你怎麼選呢？

：嗯，好問題，讓我想一想……

（柏拉圖盤腿閉目思考，時間一分一秒流逝，牆上的指針快速的轉動，現場還是一片安靜……）

：（輕聲喊）柏拉圖先生，柏拉圖先生。

：（面對花至蘭，悄聲說）現在怎麼辦？他都已經沉思二十分鐘了。

……

：（悄聲又焦急狀）導播和攝影叔叔要下班了，我的功課也還沒寫……

：（跑向攝影機，一陣嘰哩呱啦，再跑回來）導播說攝影棚要還人家，他要我們先錄結語，等柏拉圖先生沉思好了，他再來補拍。

：（悄聲）也只能這樣了。

：（開朗狀）親愛的觀眾，今天的會客室就到此結束。

：（開朗狀）別忘了繼續收看我們的絕對可能會客室，尤其是下一集，我們會公告今天柏拉圖先生深思熟慮後的答案喔。

：絕對可能會客室，我們下回見。

啪，攝影棚一片漆黑……

滴答滴答的時鐘聲……

：（聲音突然響起）我知道了！咦，人咧……？

絕對可能任務

設計者／天母國小教師　梁丹齡

花至蘭和劉星雨在古希臘的超時空冒險中，親身體驗最古老的奧運會，也遇見幾位對後世影響深遠的古希臘名人。這是一次很棒的經驗！

那你呢？

接下來的關卡換你接手，讓不可能的任務成為可能吧！

第1關

希臘眾神們家族繁盛且關係錯綜複雜，請依據提示填入神祇的名字，完成這個希臘神譜。

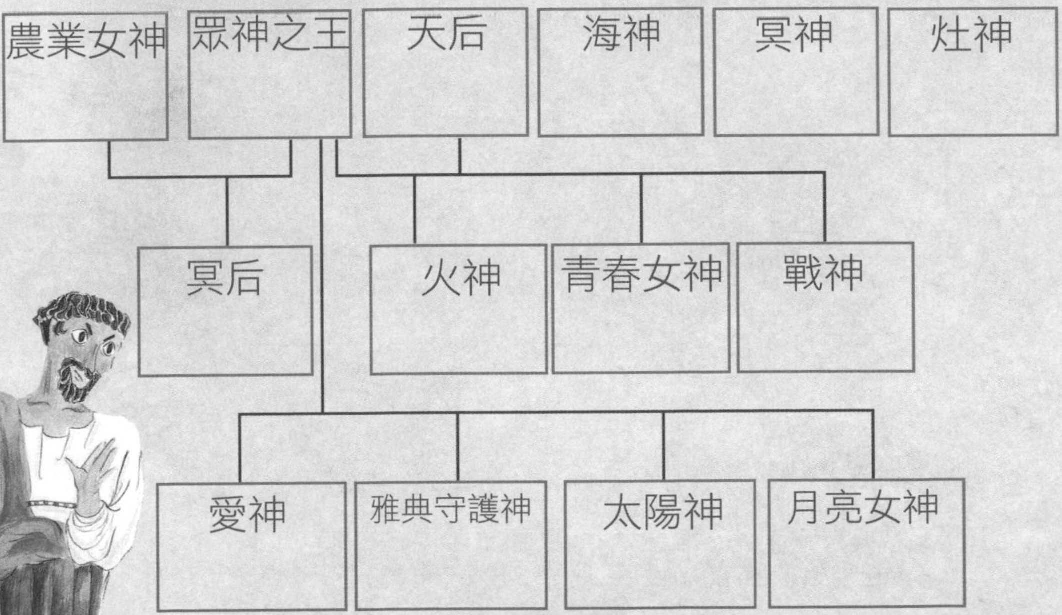

第2關 古希臘人的穿著簡單輕鬆，請回想書中的描述，並試著自己做一件穿穿看。

第3關 「河東獅吼嚇破膽，還是不改好奇性；打破砂鍋問到底，點亮智慧照前路。」請問謎語説的是古希臘哪一位哲學家？

第4關 「運動選手聚一堂，競技一起戰火停，取悅希臘眾天神，誰輸誰贏皆歡喜。」謎語指的是哪個現今最重要的運動會？

第5關 可能小學舉辦雙人尋寶賽，尋寶單上要找五個大鬍子。看完書後，你知道這五個人是誰嗎？

第6關「希臘多山多岩石，宏偉神廟受景仰，居民生活多苦難，為得神諭要奉獻。」請問這些希望得到神諭的居民，應該奉獻什麼來取悅希臘眾神呢？

第7關 西元前六世紀，希臘人伊索四處旅行說故事，最後他說的故事編成一本流傳後世的《伊索寓言》，你能說出《伊索寓言》包含哪些故事嗎？

第8關 傳說海神波塞頓曾與雅典娜爭奪雅典城的保護神地位，分別拿一樣禮物讓人類挑選，最後人類選擇雅典娜的禮物——代表和平的橄欖樹；希臘的城邦「雅典」也來自智慧之神雅典娜。雅典奠定了西方文明的基礎，你能說出雅典在哪方面影響後世嗎？

第9關 現在常說「嚴格的斯巴達教育」，典故來自於古希臘的斯巴達城邦訓練孩童的過程。想像你是小小教育家，你覺得孩子應該接受怎樣的教育呢？

答案

1

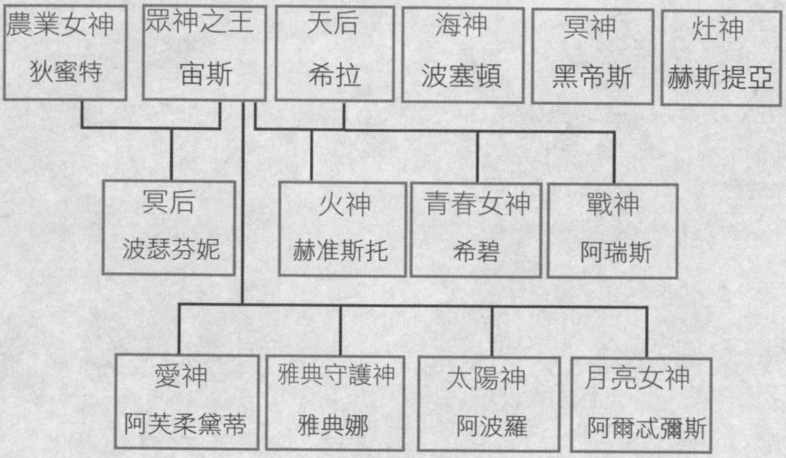

註：在希臘神話中，宙斯還有其他的孩子，也有人認為希碧不是宙斯的孩子。阿芙柔黛蒂的母親為狄俄涅；雅典娜的母親為墨提斯；阿爾忒彌斯與阿波羅的母親為勒托。

2 希臘式的衣服，穿法很簡單：先用一塊長方形的麻布圍住身體，兩肩用別針繫住，手從布的兩邊伸出來，然後在腰部綁一條帶子。衣服寬寬鬆鬆，看起來舒適自在

3 蘇格拉底

4 奧林匹克運動會

5 蘇格拉底／宙斯／伊索／希羅多德／列奧尼達

6 公牛

7 狐狸與葡萄、龜兔賽跑、獅子與老鼠、狼來了、北風與太陽

8 現代自由民主制度、公民權、文學作品、建築物

作者的話

增進學習動機的社會課

為什麼會寫可能小學呢？很大一個原因是——不少孩子怕社會課。

社會課難嗎？

打開小學社會課本，裡頭從小朋友住的社區出發，漸次認識自己的家鄉到臺灣到世界，照理講應該很有趣。

問題出在，社會課不比自然課，自然課可以帶小朋友去校園看蝴蝶，找花草，也可以動手做實驗；社會課也不比藝文課，塗塗畫畫彈彈唱唱多愉快。

社會課的困難是，講到鄭荷大戰，你沒辦法請鄭成功來到眼前；說到萬里長城、復活節島，絕大多數的孩子也沒去過。

歷史無法重來，它們也離孩子們太遠，很難感同身受。如果不幸，碰上講課喜歡天花亂墜的老師，多半的課堂時間全拿來講歷史八卦、自己的旅行趣事，稍一不慎就成了閒扯；雖然孩子聽得開心，但對社會課的理解依然似懂非懂。

如果你問我，我會說，最好的學習當然是到現場。

我去過西安，站在秦始皇陵的兵馬俑前，八千個兵馬俑氣勢磅礡，它們是我創作【可能小學系列】第一本《秦朝有個歪鼻子將軍》的起點；我也去過黃鶴樓，搭船下過長江，體會當年李白下江陵的暢快，送別孟浩然的愁緒。那回我是帶著孩子同去的，後來她讀到相關的地理、歷史時，特別有親切感，也學得特別起勁。

「行萬里路勝讀萬卷書」，說的就是這個道理。

然而，大部分的孩子沒有機會去這些地方，課堂上，也不可能再重現這些歷史時代。

讓我來吧！

這套【可能小學的西洋文明任務】就像四堂有趣的社會課。它帶著孩子們穿越時空，重回那波瀾壯闊的古文明，感受時代的氛圍，踏進古人的生活，來一場想像與知識結合的大冒險。

可能是在古埃及時代在尼羅河上划船。

也可能在亞述帝國，參與了一場可怕的征戰。

穿越，能拉近孩子與古人的距離。

這可能嗎？

可能小學的校訓就是：在可能小學裡，沒有不可能的事啊。

所以，透過【可能小學的西洋文明任務】，孩子們會有一種跟著書裡角色重回古文明冒險的感受，一起與歷史人物對話，走進歷史的關鍵時刻，了解當時的時代背景，體會當地的風俗文化。

等到有一天，當社會課上到古文明時，相信很多孩子會有種「啊，這裡我來過」的驚喜感。

因為熟悉，自然覺得有趣——那種人與時代氛圍相連結的快樂，就是學習的最好動機。

有了動機，這就是學習的起點，因為孩子將這裡當作支點，進而串連起社會課程的點、線、面。那時的社會課，將不只是考試要考的科目或材料——課本搖身一變成為旅遊指南，而孩子當然就是最好的導覽解說員。

你還覺得不可能嗎？

別忘了，在可能小學裡，沒有不可能的事喔！

審訂者的話

化身時間旅人，享受歷史的趣味

◎輔仁大學歷史系助理教授　汪采燁

假設人們可以穿梭在不同時空中旅行，你想去哪裡？

「在可能小學，沒有不可能的事」，因此【可能小學系列】不斷的帶來驚奇，將讀者化身為時空旅人，回到過去世界。在動物園舉辦運動會，小朋友們瞬間進入古希臘的時空，在蘇格拉底和柏拉圖的陪伴下，在古希臘世界好好玩了一番——看了戲劇表演，蒞臨奧林匹克運動場，目睹公民大會的進行，體驗希臘人的地中海輕食、雅典人的頭頭是道咄咄逼人、以祭神來求神諭和取悅神的信仰方式，甚至他們遇見了歷史學者的老始祖——希羅多德！轉眼，可能小學建起了大型浴場，小朋友順著引水道，進入古羅馬世界，走在羅馬大道上，進入浴場，更陰錯陽差的成為角鬥士，大戰巨人、猛獸與大象軍團，也在此過程中感受到羅馬公民與奴隸身分的截然不同，更有幸的遇上皇帝開恩，賜角鬥士公民身分。

作者在此系列童書中，以穿越的方式，讓小朋友進入想像的世界；透過各種公共娛樂活動讓讀者產生身歷其境的閱讀經驗，在時空遊歷的過程中帶出基本古典知識，對於古希臘的穿著、哲學家、運動會、宗教神話和城邦政治，和羅馬公共建設、羅馬公民以及娛樂活動等做了介紹，相信此套書能夠引起小朋友對於陌生上古世界的興趣。

身為歷史學者，在我看來此系列套書並非歷史讀本，而是帶出歷史趣味的童書。童書不是我的研究領域，世界史也不是該作者的專長，然而我十分肯定此作者的立意，扣緊兒童的想像世界，讓小讀者貼近歷史過去；以及作者繼【可能小學系列】出版了臺灣史與中國史系列後，再次嘗試世界史方面的主題，讓小讀者有機會看到更廣的世界，認識東亞之外的古早文明。如果人們僅認識自己的時空，以自己狹隘的視角去看不同地區的文化，或是審視過去世界的價值觀時，往往無法客觀的欣賞他人之美，也無法放開心胸接受多元價值。

過去希臘羅馬文明中創造出的諸多概念與詞彙，如理性思維、哲學思辨、政治體制、公民精神、公共建設的建築美學與用途等，依舊影響今日你我生活的世界。如同我們需要幾段旅居海外的經驗，讓我們反思家國之美；我們也需要對於其他的時代具備基本的認識，才能夠了解我們身處的時代的文明深度。或許，想像力豐富的孩子們最能夠掌握英國歷史學家卡爾（E. H. Carr）所謂的，歷史是「古今無盡的對話（'an unending dialogue between the present and the past'）」；翻開歷史性質的童書，他們就化身為時間旅人，徜徉在時間長流中，不斷的與歷史人物聊天玩耍！

最後，我希望在閱讀【可能小學的西洋文明任務】套書的過程中，家長或老師能夠陪伴小朋友進行簡單的討論，思考過去世界的各種價值觀和生活方式的特色或意義，進而閱讀簡易歷史讀本或歷史專書，獲得更多啟發。

可能小學的西洋文明任務 ——— 3

決戰希臘奧運會

作　　者｜王文華
繪　　者｜貓魚

責任編輯｜許嘉諾
美術設計｜也是文創有限公司
行銷企劃｜葉怡伶

天下雜誌群創辦人｜殷允芃
董事長兼執行長｜何琦瑜
媒體暨產品事業群
總經理｜游玉雪
副總經理｜林彥傑
總編輯｜林欣靜
行銷總監｜林育菁
副總監｜李幼婷
版權主任｜何晨瑋、黃微真

出版者｜親子天下股份有限公司
地址｜台北市 104 建國北路一段 96 號 4 樓
電話｜（02）2509-2800　傳真｜（02）2509-2462
網址｜ www.parenting.com.tw
讀者服務專線｜（02）2662-0332　週一～週五：09:00~17:30
讀者服務傳真｜（02）2662-6048
客服信箱｜ parenting@cw.com.tw
法律顧問｜台英國際商務法律事務所 ・ 羅明通律師
製版印刷｜中原造像股份有限公司
總經銷｜大和圖書有限公司　電話：（02）8990-2588

出版日期｜ 2017 年 6 月第一版第一次印行
2024 年 6 月第一版第十二次印行
定　　價｜ 280 元
書　　號｜ BKKCE019P
ISBN ｜ 978-986-94844-4-2（平裝）

訂購服務
親子天下 Shopping ｜ shopping.parenting.com.tw
海外 ・ 大量訂購｜ parenting@cw.com.tw
書香花園｜台北市建國北路二段 6 巷 11 號電話（02）2506-1635
劃撥帳號｜ 50331356 親子天下股份有限公司

國家圖書館出版品預行編目資料

可能小學的西洋文明任務 . 3, 決戰希臘奧運會 / 王文華文 ; 貓魚圖 . -- 第一版 . -- 臺北市 : 親子天下 , 2017.06
168 面 ; 17x22 公分
ISBN 978-986-94844-4-2(平裝)
1. 文明史 2. 世界史 3. 希羅文化 4. 通俗作品
713　　106007678